我该怎么办？

班主任工作疑难问题解决方略

班级人际关系出现矛盾怎么办

赵福江　主编

教育科学出版社
·北京·

编 委 会

主　　编：赵福江

执行副主编：杨丙涛　刘京翠

副 主 编：魏　强　杨丙涛　周　芳　赵敏霞　刘京翠

编　　委（按姓氏笔画排列）：

　　　　卞　京　师婧璇　曲怀志　刘京翠

　　　　李　月　杨丙涛　陈秀娣　周　芳

　　　　赵敏霞　赵福江　顾　军　魏　强

打牢班级的信任基础

中小学班主任工作几乎是纯粹的实践工作。"实践需要理论指导"是一种笼统的说法。这种说法是正确的，但对于每天忙碌在不断出现问题、必须立即解决问题的班级管理实践中的班主任来说，尤其是对于初入教职就担任班主任的教师来说，正确却无用。因为理论的"远水"并不能解决当下的"干渴"。班主任每天都会遇到问题，遇到问题时知道"我究竟该怎么办"，才是他们最需要的。书店里摆满了专门向班主任提供解决问题的妙招、窍门、秘籍、战术、招法类的书籍。这类书籍有一个特点，非常像中医的"经方"，可帮助不方便就医的病人自我判断病症后自己抓药服用，故而也可称其为"药方"类书籍。然而，书到手后许多教师又会暗自存疑：为什么那么好的招法在我这里不好用呢？是我水平低还是这些招法有问题？

平心而论，这些招法（药方）本身并无太多问题。问题出在越是看起来"实用"的招法，作为一种教育经验，越是离不开其所产生的实践情境的框架性加持。就班主任工作经验来说，情境对经验（技巧）的加持程度与该经验（技巧）"看起来"是否更加实用成正比，与读者实际应用的"有效"程度成反比。即是说，当情境加持程度为满格时，人们便无法否认其百分之百的有效性，但其更换情境的可借鉴性最低；当情境加持程度减少为半格时，其操作有效性会打折扣，但其指导的广泛性则会增强；当情境加持程度消减为零时，其操作性便也随之变为零，但其普遍性指导价值却会增至最高，这通常被称为"理论"。

班主任每日每时都会遇到许多亟待解决的棘手问题，"我该怎么办"因此也就成为每位班主任每天都避之不开的问题。这个问题可从三方面来分析：一是"我"，二是"该"，三是"办"。"我"是实践者，是他人经验的借鉴应用者，有着与经验提供者不同的实践情境、个人经历和个性风格。"该"同时存在两个方向：首先是理想方向，指依据教育理想，让学生得到最大限度的发展；其次是恰当方向，指适应目前工作需要，把问题处理妥当。"办"是实操，指按岗位职责要求，切实解决当下棘手问题。三方面中，"我"最关键。离开了"我"，便无法评价一个经验的推广应用是否有效；离开了"我"，也无法准确评价"该"的方向和"办"的目标（问题的"棘手"程度与"我"密切关联）。由于"我"是随着经历和经验的累积而不断发生变化的，因此，"该"的方向和"办"的目标也都会随之不断发生变化而绝不会停滞在一个水平上。

以"我"为核心来看"该怎么办"，至少包含三个层次的意思。

第一层是求助，寻求方法、技术的支持，所针对的大多是具体问题的处理。该层次的需求者以初任班主任的年轻教师为主。他们急切需要前辈们就带有"常识性"的问题给予"常规性"方法、技术层面的操作建议。由于此类问题每天都会遇到，数量太多，导致在正式场合反而不好意思提问，他们需要的是"药到病除"的效率和效果，因此"药方"类书籍中的经验技巧就成为他们的案头必备。这类方法、技术在"常识性"问题情境下，对初任班主任还是很有帮助的。只是，越好用的方法、技术，通常越具有较强的情境局限性，脱离具体情境的方法分享，同样具有应用的局限性，出现"好的招法在我这里不好用"的情况就在所难免了。

第二层是追问，寻求的是超越具体方法与技术的原则、原理性的概括，所针对的是经验的总结提炼和改造应用问题。该层次的需求者，多为具有一定实践经验积累的班主任。他们经历过很多教训，也从教训中汲取了相当的经验。他们希望能够对曾经的教训和经验进行理性盘点，希望获得超越具体方法与技术的原则、原理性认知，对案头"药方"类的经验技巧开始进行批判性阅读，尝试剥离"药方"背后的情境以及个性化背景的框架性加持，进入了原则、原理性思考层面。经过批判性追问的"该怎么办"的建议，通常就具备了较为普遍的借鉴、参考和应用价值。

第三层是反思，寻求的是适应普遍情境的通用解决思路，所针对的是班主任工作的原理和理论问题。该层次的需求者多为经验、教训都非常丰富也非常突出的班主任。丰富，指数量足够多；突出，指经验和教训都足够深刻。正如一位优秀班主任所言：每位优秀班主任都曾经"毁"过一个班。他们的思考深度已经远远超出了原则层面的追问，触及对人性、对教育价值、对世界观的思考，也触及对多元、多阶、多轮问题的思考。他们进入的是现代教师成长发展所应达到的实践反思的高阶思维境界。他们对青年教师提问的回答，通常是以"思路"而非"技巧"的方式展现，而且至少会提供两种以上的解决思路，用方法、技术的表述方式，大致相当于说："不仅可这么办，也可那么办，甚至还可通过如此这般的方式这样办。"这种解决思路其实已经进入了理论层面，理论层面的"怎么办"建议具有普遍适用性。

如果能从"我该怎么办"这套书的案例中读出上述三个层次的内容，说明读者已具有了实践反思的高阶思维品质。到达这个层次的读者，也许会得出一个更为简洁的结论：班级信任关系是一切问题的根源、一切工作的起点、一切问题解决的根本所在。

耿申

北京教育科学研究院

目录

1 难以走进学生心灵，怎么办 / 1

· 走进学生心灵，真的如此重要吗 / 2
· 走进学生心灵，为何那么难 / 5

小贴士
· "真心话"小调查 / 8
· 走进学生心灵，要注重方法策略 / 9

专家视点
· 让学生始终体验到自己的尊严感 / 18

2 掌握不好与学生交往的尺度，怎么办 / 23

· 坚持原则，严慈相济 / 24

小贴士
· 与异性学生交往"四原则" / 38
· 遭遇师生"绯闻"，请理智 / 40

特别推荐
· 师生交往必须处理好"六个关系" / 43

专家视点
· 教师与学生交往的智慧 / 47

3

遇到学生挑衅，怎么办 / 51

· 学生挑衅，背后根源其实并不复杂 / 52
· 面对挑衅，教师应遵循的处理原则 / 55

专家视点
· 冷静理性地应对学生挑衅 / 68

4

学生之间出现歧视行为，怎么办 / 75

· 探究成因：复杂心理致使歧视滋生 / 76
· 解决策略一：身体力行，师者先做表率 / 78
· 解决策略二：提前预案，防歧视于未然 / 80
· 解决策略三：追本求源，树"受歧者"自信 / 82
· 解决策略四：教育疏导，促"歧视者"自省 / 84
· 特别提示：警惕歧视背后的"隐性歧视" / 86

专家视点
· 墙，推倒了就是桥 / 89

5

个别学生只能表扬不能批评，怎么办 / 97

· 正视：表扬要有边界 / 98
· 批评，应以生为本 / 100

专家视点

· 在"文雅与野性"的文明中建构强韧的自我 / 112

个别学生不善与同伴交往,怎么办　　　／ 119

· 美言美行,人际交往不是难关 / 120

· 关心关注,交往"无助"不复存在 / 122

· 贴近走近,助孩子走出封闭 / 124

· 同班同伴,集体氛围不容忽视 / 129

小贴士

· 同学交往的原则与技巧 / 132

专家视点

· 让学生学会交往 / 133

学生热衷网络交友,怎么办　　　／ 143

· 客观认识网络交友的性质与利弊 / 144

· 正向引导,介绍功能 / 146

专家视点

· 消解神秘,去除幻想

　　——青少年网络交往引导的关键 / 159

学生异性交往缺乏自我保护意识,怎么办　／ 167

· 男孩女孩,为何变成"痴小孩" / 168

· 花季少年,你的青春谁做主 / 169

3

· 健康交往，不必"假装不理不睬" / 175

专家视点
· 守好底线，勇敢说不 / 178

9

学生与科任教师关系紧张，怎么办 / 185

· 学生：误会使然，引发关系紧张 / 186
· 教师：不慎言行，导致关系紧张 / 188
· 双方：缺乏理解，紧张关系升级 / 189
· 调和关系：理解信任是重点 / 192

小贴士
· 处理关系紧张的"六不要" / 199

专家视点
· 论班主任领导力的实现
——基于对班主任、学生与科任教师关系的思考 / 201

10

科任教师不配合班主任工作，怎么办 / 211

· 正视问题，查找问题根源 / 212
· 协调支持，形成教育合力 / 214
· 积极沟通，共谋班级发展 / 225

专家视点
· 集思广益，结成班级建设共同体
——班主任与科任教师携手共促学生发展的三点建议 / 231

1 难以走进学生心灵，怎么办

班级人际关系出现矛盾怎么办？

走进学生心灵，真的如此重要吗

案例

孩子，你为什么不说话

如今的他——

一只"沉默的羔羊"

我紧紧盯着眼前这个低着头的男孩，心中的愤怒早已化作深深的无奈。他，14岁，瘦瘦小小、白白净净。此时，他那双大大的眼睛低垂着，长时间盯着地面，盯着自己的鞋。记得初一第一次见他时，我就留意起这个比女孩还秀气、漂亮的男孩。可此刻，我只有深深的无奈，无奈的不只是他永远低垂着头，更是不管我讲多少话，不管讲话时我是心平气和、轻声慢语，还是暴跳如雷、声色俱厉，他一概一言不发，永远是一副木然的表情；不管是批评还是表扬，我都不能激起他的任何反应，哪怕是摇头、点头或动动身子。

永远的"独行侠"

课堂上的他不说话，永远低着头，总是在摆弄自己的手或抠着指甲，而他的课桌上则永远那么干干净净。下课时，他几乎不与其他同学往来，有时默默站在一边，有时静静待在角落，体育课、运动会更是独来独往。我不知道他在想些什么，怎么想的，同学们也不知道。

受到挑衅的"公鸡"

一直不做作业、上课不听讲的他终于惹怒了数学老师。数学老师检查他的作业，他开始是以惯有的"木偶"态度对待老师的盘问，继而变为小动作不断。情绪受到严重干扰的数学老师忍不住把他从座位上拎起来，叫他站着，注意课堂纪律。没想到，瘦小、清秀的他面对高大、结实的数学老师竟破口喊出"你没资格管我！"，之后，便又沉默了。但他始终昂着头，瞪着大大的眼睛，攥紧的拳头贴着裤管，像一只受到挑衅的公鸡。

向老师挥拳的学生

课堂上，他坐姿不端正，低着头，没有听讲。我提醒他几次，可他不仅没改，反而收起书本，专注于抠自己的指甲。我再次提醒他，他依然我行我素。我的忍耐达到了极限，于是走到他身边，伸手准备纠正他的坐姿，可我的手还没碰到他，他就腾地站起来，以迅雷不及掩耳之势，挥拳向我砸来。要不是几个强壮的男生硬拉开了他，他还在不停地攻击着，此时他那秀气的脸上不再表情木然，而是满脸怒色。

曾经的他——

初一：发展正常，活泼向上

初一时的他可爱，秀气；作业按时完成，字迹工整、漂亮；作文通顺，有自己的思想；上课积极发言，有时也讲悄悄话，但一经提醒就会改正；爱看书，思考；平日与同学有说有笑，与绝大多数男孩一样，爱打游戏，也能疯能闹。

初二：从渐变到突变

作业渐渐不做了，但一经提醒，他还会隔三岔五地完成；犯了错受到老师批评时，有问必答，不说话时也会点头或摇头，没发现他特别与众不同，也没留意到他总是形单影只。但从初二下学期开始，他就完全变了：

作业经常不做，老师多次提醒、劝说、告诉家长，都没有任何效果；上课时只沉默地摆弄手指，几乎与所有任课老师都有冲突，而且稍有矛盾，便对老师恶语相向、拳脚相加，或像"木偶人"一样，没有任何语言和身体反应。

初三：封闭自我，交往障碍

放学回家后他就躲在自己的房间里玩游戏，父母把饭送到眼前；周末整日待在家中，如果玩耍，通常也只跟比自己小的孩子玩。一次他竟然到邻村的网吧里玩到很晚，让父母万分着急。此外，除了与我和数学老师的冲突有语言和动作的反应外，其他时候，任何老师，包括校长、德育主任、心理老师教育他时，他都低垂着头，紧握拳头，不给予任何回应。在家也不多与父母交流，父母教育他时，也是没有任何反应。

最终，他以中考科科不及格、作文不做的结果结束初中学业。

困惑和思考——

由于他三缄其口，我们始终也不知道他的所思所想。他究竟哪里出了问题？为何原本健康、活泼、正常的孩子竟变得异于常人了？我也曾建议他的父母带他到心理咨询机构去咨询一下，可一直没有成功。

也许他是个聪明的孩子，认为不说话、不反应是对付老师极有效的方法，且屡试不爽；也许他把对大人的怨气、愤怒全部积聚在紧握的拳头里，隐藏在眼中，最后用沉默来回击，来反抗。当然，这只是我的猜测，很可能冤枉了他。

此时，我真的想对这个孩子说：孩子，你到底是为什么？为什么不说话？你不说出来，我们便无法给你帮助。你就这样困住自己，拒绝他人的帮助，是不信任大人，不信任任何人吗？这又是为什么呢？孩子，这也许不是你的错，是我们大人的疏忽造成的。你虽然一言不发，形同"木偶人"，但你的内心肯定很痛苦。我说得对吗？

（刘科英，江苏省昆山市裕元实验学校）

走进学生心灵，为何那么难

难点一：反省主观意愿，真的"没时间""顾不上"？

"老师，我……"

一天早晨，我正带着孩子们晨读，学生小晶怯怯地在门外喊了一声"报告"，然后满脸泪痕地挪进了教室。我只顾着晨读，忘了问其情况。晨读结束，各组组长检查并汇报本组作业完成情况，发现小晶是班上唯一没有完成作业的学生。想到升入六年级以来她散漫的表现，我劈头盖脸就是一句："你知道你是女生吗？脸皮怎么这样厚？三天两头不写作业，真不知道你在想什么！今天中午不用回家了，在这里补上，下次再这样，背书包走人！""老师，我……""行了，行了，不想听你在这儿说一大堆理由，今天的事我绝对不会手软，中午你就在教室补吧，什么时候补完什么时候算！"孩子泪眼婆娑，还想继续说什么，可我已气恼地拂袖而去。

后来，我在无意间跟学生聊天时才得知，那天小晶之所以没有完成作业，是因为她爷爷不小心把胳膊摔伤了，当时小晶的父母都不在家，她一直忙着照顾爷爷，给弟弟做饭。"啊？这样啊！""可不，当时她几次想跟您解释，都被您呵斥回去了，她特别委屈，私下跟我们说特恨您。""即便如此，可她之前的表现也很糟糕呀！""她从开学就一直因为和朋友闹别扭而郁闷,加上她妈妈每天下班都特别晚,做饭、照顾弟弟的事就都落在她身上,所以她总是提不起精神来。老师,您应该多跟她聊聊。"

之后因为迎接省里检查,我一直没有顾得上找小晶细聊。直到有一天,我在小晶的日记中看到这样一段话:"成长中为什么总是有这么多的烦恼,真的让我好郁闷,尤其是老师的批评,真的让我好痛好痛!很多时候,我想对您说,我真的不是您印象中的那样,我也想努力,可是我打不起精神来。好多个深夜,我偷偷躲在被窝里流泪。老师,您为什么就不能多理解我、宽容我……"看着看着,我的眼泪不知不觉滑落。想想自己时时把"严"字这把利剑握在手里,学生稍有问题就直接出手,却忽视了倾听他们内心的声音,忽略了他们的感受!尤其是对小晶这种家庭有特殊困难的孩子。

这一刻,我说不出地悔恨,懊悔自己不该在孩子最脆弱、最敏感、最需要安慰的时候用"利剑"无情地伤害他们。我下定决心以此为鉴,更多地走进学生的心灵世界,用积极的情感去感化、教育他们,用爱的阳光、雨露去润泽他们的生命。

(宋艳华,河北省唐山市开平区安各庄小学)

难点二:反思教育智慧,真的"谈不拢""没效果"?

原谅我,没有读懂你们的心

回首十几年的班主任工作经历,在满足和荣耀之余也为自己曾经的不成熟和经验浅薄后悔不已，我很想说一句："原谅我，没有读懂你们的心！"

憾事一

小洪文静瘦弱，身材矮小，少言寡语，和老师、同学几乎没有交流，即使交流，她的声音也总是含糊不清。开学后，她先是不肯坐前排，后来不喜欢与人同桌，最后发展到不肯进班，甚至不肯进学校。我使出浑身解数，苦口婆心，多次上门劝说；发动同学，主动提供帮助；联系家长，多管齐下。可均以失败告终。从此，小洪再也没有跨进校园，成为我心中永远的痛。一次聆听南京医科大学华立平教授的讲座后，我意识到，小洪应该是患有精神抑郁或者自闭症一类的心理疾病，首先必须借助医学上的药物治疗，再辅以专业的心理治疗，不是谈几次心、讲几遍道理就能解决的，而我当时却没有意识到。也许，她的命运是可以被改变的……

憾事二

小轮平时言语不多，但智商高，学习棒，老师们对他一百二十个放心。然而中考前，他却出现精神萎靡甚至逃学现象。我们几位老师都认为他是由于压力过大，心理出现了问题，于是大家轮番上阵，不断鼓励："你是最棒的！""你能行，我们相信你！""振作点，胜利就在前方。"……殊不知，正是这些所谓的"鼓励"成了压垮他这匹"骆驼"的最后一根稻草，导致他在中考中崩溃。后来通过学习我才认识到，其实我们当时并不清楚他内心真正需要的是什么，不应该一味地站在道德的制高点激励他，而应和他在一起，做到倾听和陪伴，那样的话，结果很可能就不一样了。

憾事三

小爽，一个聪明、白净、帅气的男孩，却遭到同学厌烦。原来，他一

班级人际关系出现矛盾怎么办？

下课就找同学谈心，天南地北，滔滔不绝，对他人的不耐烦、厌恶却丝毫不觉。有时下课后，他拉着老师谈一些不着边际的观点，甚至对老师进行言语攻击。老师几乎恼羞成怒，而他却浑然不知。久而久之，大家都故意疏远他、孤立他。一次和南京金陵中学心理特级教师苏华交流，我才意识到，小爽应该是一个"阿斯伯格综合征"患者，是需要专业疏导的，这在国外是一种很普通的病，而我们却未能重视，没能认识到事情的本质。

面对上述种种遗憾，我深刻地认识到：班主任要真正懂得学生，就必须掌握心理科学知识，并以此走进学生的内心世界。面对一个个鲜活的生命，一定要遵循科学发展观，讲专业话、做专业事，站在对学生终身发展负责的高度，努力成为教育的行家里手，真正走进学生心灵，读懂学生的心。

（毕道玉，江苏省句容市天王中学）

"真心话"小调查

究竟是什么原因让一些学生对老师三缄其口，不愿吐露心声呢？我决定对学生做个调查。调查对象为我校高二学生，受调查者无须提供任何个人信息，以求调查结果的真实性。共发出问卷110份，收回有效问卷107份，从中随机抽取100份，便于进行统计研究。

在这100份问卷里，问及"当感到压力、经历挫折、困惑迷茫时，你是否告诉过老师并寻求帮助"，21%的学生回答从未对老师说过心里话，最主要的原因是自己性格比较内向，不敢跟老师袒露心声；79%的学生回答曾和老师谈过心，内容涉及家庭问题、暗恋某同学、失恋、与同桌或室友不和等。但是这79位学生在回答"你是否还愿意向老师说真心话"时，有

64位同学选择"否",比率竟高达约81%。究其原因,主要有二:第一个原因是无论说与不说,老师并不能提供切实可行的处理方法,有效解决问题;第二个原因,也是最主要的原因,很多学生都表示"说真心话太冒险"。很多事情,学生并不想让父母知道,因为父母关心则乱,不停叮嘱,反而使自己很头疼。而告诉老师后,老师很可能转告家长,甚至还会以自己的事为原型教育其他学生,即使没有指名道姓,可依旧会让人感到十分尴尬,继而后悔跟老师说了真心话。

对于"你愿意向什么人倾诉心声"以及"老师怎么做才能走进你的心"这两个问题,学生的回答是,他们最希望倾听者能够为他们保守秘密,对得起他们的信任;希望老师能真正关心自己,而不是被动为之。学生表示,说出心里话,是想一吐心中烦恼,让自己感觉轻松一些,能够得到一些安慰和疏导就更好了。

基于这次调查,我总结道:老师要以真诚和真情方能换得学生的真心话,从而走进他们的心灵。

(马永红,江苏省海门中学)

走进学生心灵,要注重方法策略

让学生阅读我青春的心路历程

学期末,原本积极向上的小涛成绩突然一落千丈,整天垂头丧气,无心向学。高考百日誓师大会过后,其厌学情绪更是日益严重。

我想了很多办法都无效,就在即将放弃之时,不经意间瞥见书架最底层一本本泛黄的笔记本——我读书时代写的随笔。可以说，这些随笔记录并见证了我成长的心路历程。当学习受到挫折时，我鼓励自己："梦仍在远方，模糊了又清晰，清晰了又模糊，但我不能放弃，我必须怀着跨过屠格涅夫的《门槛》的那份执着和勇气，去敲响那扇厚重而又严实的门。"面对朦胧的男女生关系，我果断地表明立场："喜欢没有错，但喜欢不一定要开口表白，因为一开口就宣告了死亡。"高考过后，很多同学不得不面对梦想被击碎的残酷事实，我写道："学习不是赌博，而是一场锻炼身心与意志的比赛。虽然我们没有取得辉煌的成绩，但我们都没有输，因为高考不是句号，至少我们赢得了意志。"……此刻，一个想法在我的脑海中闪现——也许可以让小涛读读我的随笔。于是，怀着试试看的心理，我把随笔拿给了小涛。

　　一个星期后，小涛将随笔还给我，并夹带一封短信："老师，谢谢您对我的信任！我把这些随笔看了一遍又一遍，仿佛我经历的生活和情感都收录在里面。原来每个人都是这么成长的，只是有些人喜欢默默地在心里留下岁月的印记，然后悄然长大；而有些人，就像您一样，把成长的痕迹浓缩在一张张稿纸里。老师，谢谢您把自己成长中的一些秘密与我分享，用这种方式告诉我如何去面对困惑和烦恼。不管以后的路多么坎坷，我一定会像您一样坚强勇敢地成长。"

　　看完信，我松了一口气，我知道小涛的心灵终于"云开月明"了。而我也更加相信，总有些东西会触动学生的心灵，只要我们不轻易放弃，总能找到那把开启学生心门的钥匙！

（李玉婵，广东省梅州市梅县区畲江中学）

微笑着走进学生的心灵

"王老师,我是那么喜欢您的微笑。真的,是您的微笑改变了我,谢谢您!"看着学生小飞写给我的毕业留言,我的眼前不由得浮现出一幕幕往事。

小飞学习成绩极差,经常与男生打架,辱骂女生,还给同学起外号,恶作剧不断。每当有学生向我揭发小飞的"罪行",我就声色俱厉地训斥他一番。可他只是口头应付,事后一切照旧。几次教育无果后,我甚至想到或许他真的是根不可雕的"朽木"。

然而,一个偶然的机会却让我对他刮目相看:新年联欢会上,他满怀激情地表演着小品,释放出活力,惹得同学们发出一阵阵笑声,我也不禁被他的精彩表演逗笑了。说实话,这是我第一次觉得他可爱。表演结束后,他兴奋地对旁边的同学说:"老师对我笑了!"我听了,心里为之一震:多么纯真的孩子,我无意间的一笑,不仅被他捕捉到了,而且还令他激动不已。

我开始反思自己:一向教学严谨的我,尊崇"严师出高徒"的古训,面对学生总是板着面孔,不苟言笑,以为这样学生就会尊重自己,殊不知,这样却拉开了师生间的距离。难怪有学生见到我便悄悄走开,尤其是小飞,总是躲得远远的。我下定决心,要用我真诚的微笑去面对学生,尤其是小飞。

于是,我开始在学生面前放弃了多年以来一直坚持的冷酷与严厉……

每天,我会微笑地走进教室,用乐观的心态感染学生,创造出一个活跃、快乐与祥和的班级氛围。慢慢地,我看到了成效:当有学生乱丢垃圾时,我微微一笑,他便难为情地捡起来,丢到垃圾桶里;当有学生上课不专心时,我一个眼神递过去,他会拿起书本,迅速投入学习中;当有学生为隐瞒错误而撒谎时,我的微笑会让他们乖乖承认错误……。原来,一个会心的微笑,胜过冰冷的批评、严肃的训斥,能走进学生的心灵。

在不知不觉中,小飞变了,虽然还会干些调皮的事,但不再和我疏远。在一次聊天中,他告诉我,他没想到我对他这个"坏学生"也会"施舍"

微笑，这令他深受感动。而那一次次的微笑，如晶莹的甘露催开了蓓蕾，如温暖的春风滋润着心灵，从而产生"爱的对流"：他会因我的微笑而积极发言，因我的微笑而对同学友善，因我的微笑而在各项活动中为班级争先。与此同时，他的成绩有所提高，同学们也越来越喜欢他了。

我越来越体会到，教师真诚的微笑，也是能够走进学生心灵深处的，虽然不一定惊天动地，但却透视出教师海纳百川的气度，折射出教师化解矛盾的睿智，点点滴滴浸润着学生的心灵。

（王丽明，河北省张家口市经济技术开发区下小站小学）

用心灵写诗，助我走进学生心灵

接手新班后，为尽快走进学生心灵，拉近彼此距离，我使出浑身解数，可学生依然与我貌合神离：每次征询班级建设意见，学生总是支支吾吾，闪烁其词；每次与学生单独交流，学生总是缄默不语。我苦恼着：是我过于严谨刻板，还是学生恋旧情怀过重，抑或他们压根就"不食人间烟火"？

偶然间，转机出现了。

一日，我批改周记时见小潘写道："我不是不努力，可老天爷偏偏如此捉弄我。我的世界是昏暗的，不，是暗无天日的。我的努力都付诸东流，'杯具'（悲剧）啊……"我看完周记，有隐忧，也有庆幸。总算有学生愿意和我说真心话了，尽管只是在纸上。我决定找他单独谈谈，可一想到每次交流时都是我的"一言堂"，便改变了主意，何不通过文字与他交流呢？于是，我给他写了一首小诗：

假如你不够快乐／也不要把眉头紧锁／人生本来就很短暂／为何要酝酿

苦涩？／你的名字那么响亮／你的前程何等广阔／青春的我们／为何庸人自扰／将时光蹉跎／请用你的伟光（嵌名）／将阴霾驱散／那时／我亲爱的小潘啊／你定会由衷地欣喜／自己本是强者／而强者／无惑！

周记下发当天，小潘就给我写了一张字条，其内容让我记忆犹新："胡老师，谢谢您！一直以来我都误解了您。今天，我明白了，您是爱我们的。我一定努力拼搏，不惧风雨。请您做证！"我的心顿时温暖起来。

于是，我在接下来的几周里给四十多个学生写了短诗。例如，我给沉默内向的小琴同学写了一首《致内秀的琴》：

内秀的女孩啊／你是那幽谷的兰／馨香却内敛／你是那黑纱里的明珠／含蓄却孤独／如果你愿意／我想成为你的朋友／我要轻轻地告诉你／请走出小天地／去做伶俐的百灵鸟／去做灿烂的向日葵！

小姑娘非常感激我，还把诗制成了书签，夹在最爱看的《格言》杂志中。在后来的多次集体活动中，她都大胆地表现自我，赢得了同学们的掌声。

我还给爱出风头、爱动武的小磊同学赠诗——《你一定会做真勇士》：

假如你是真正的勇士／你定会心生悲悯／将赢弱者呵护／假如你是儒雅的仁者／你一定不会／看着伶仃者恸哭／勇敢若不能与智慧为伴／便成了粗鲁／真正的勇士／绝不尚武轻德／面向他人的拳头不是阳刚／是懦弱／与人掌心相击不是屈服／而是世间最美的歌！

果然，小磊比以往文明多了。有一次外班同学挑衅，他也一改往日的粗野，选择了克制，并及时向我汇报情况，为处理矛盾赢得了主动。

写着写着，我与学生的心近了，他们开始愿意与我交流了。现在，孩子们遇到问题，愿意问了；有好的建议，敢于提了；甚至在我为琐事烦恼时也会写首小诗表示安慰了。此时的我，心中充盈着盎然春意！

（胡军，安徽省六安市舒城县百神庙镇中心学校）

爱是教师最美丽的语言

小轩总是三天两头地感冒发烧。本学期，他又因心肌炎休学住院近两个月。我想，即便我每天给他发信息告诉他学习目标和任务，可没有老师的精心教育，远离伙伴的欢声笑语，他仍会感到烦闷、孤独。于是，我决定借此机会，动员班上学生给他送去问候，送去温暖。

在"我想对小轩说"主题班会课上，我饱含深情地说："小轩因病住院很长时间了，他的身体状况让我们时时挂牵。我们也少了一个知心朋友，少了一片笑声，少了一个小伙伴……。此时你最想对小轩说些什么，又有哪些祝愿呢？"

学生纷纷发表感言。

小轩，你现在好点了吗？每当我经过你的座位，就想起了你……祝你早日康复，早日和大家一起上课，一起尽情玩耍。

小轩，我要向你道歉，因为我曾经打过你，对不起了。

小轩，你的病好点了吗？要听大夫的话，好好吃药，别怕苦。我吃药的时候，妈妈常说"良药苦口利于病"，我把这句话送给你。

……

随后，我让学生拿出纸笔，写下心中美好的祝福，并派代表把满载着真挚情谊的祝福送给小轩。一封封信，对躺在病床上的小轩来说，就是一声声问候；一句句话语，就是一阵阵惊喜。在爱的感召下，小轩备受感动，还写下感激信：

谭老师和全体小伙伴，你们好！

前段时间，我生病住院了，不能去学校上课。我很想赶快好起来，和你们在一起。没想到全班同学每人给我写了一封信，让我好好养病，祝我早日康复，大家还说要帮我补课。看了大家的信，我很感动，流下了感恩的泪水。非常感谢谭老师和大家的关心。以后我也要学会关心别人，帮助别人，把爱心献给大家。在谭老师的带领下，我们一定会更加快乐地成长。

听了孩子们暖暖的祝福和小轩的真情表白，我也感动得热泪盈眶。

爱能鼓励人，也能感动人，爱是教师最美丽的语言。但前提是，我们要抓住契机来传递、表达这份爱。所以，老师们，从现在起，就让我们做得更好吧！

（谭凤鸿，河南省新乡市凤泉区实验学校）

拥抱的快乐

"这么大了还要人抱，真没羞！"在学校长跑比赛中，有几个女生跑完后累得不行，我见状赶紧走上前去把几个孩子搂到怀里。可小杰不但没有给予她们鼓励安慰，还在一旁讥笑嘲讽。我立刻把视线转向他，只见他一直紧盯着我怀里的那几个女孩，表情里满是羡慕。

后来我了解到,小杰的父亲几年前死于车祸,母亲在外地打工,他一直跟着爷爷奶奶生活。看来,这个孩子太需要爱了。可究竟怎样给他爱,以什么方式给他爱呢?这让我很是为难。

正巧,学校踢毽子比赛快开始了。为了取得好成绩,孩子们每天都在努力练习,可小杰却连毽子也买不起,更别说练习了。看到这种情况,我立即找来班里的小干部商量,有人说给他买一个,有人说送他一个,可大家思来想去都怕这样做会伤害他。这时,有学生提到小杰的手巧极了,每次他都是自己包书皮,还做了很多玩具。听到这,我突然有了主意——何不先在班里进行一次制作毽子比赛?

最终,小杰获得了第一名,并在班里几位踢毽子高手的帮助下,拿着自己制作的毽子开始了练习。比赛当天,当大队辅导员公布我们班获得总成绩第一名的喜讯时,我看见小杰笑了,笑得那样灿烂。回到班里,我让每个孩子都摸一摸奖状。轮到小杰时,他直接把奖状抱在怀里,久久不愿放开。随后几天,笑容始终挂在他的脸上,人变得很精神,上课也认真听讲了。看来,在集体中他得到了最好的爱。

一天下午,班长兴奋地跑回来说班里又获得了一枚代表荣誉的"大拇指章"。连续两周获此殊荣,孩子们高兴得蹦了起来。于是我赶紧提议大家相互拥抱来庆祝一下。听到我的提议,学生立刻响应,小杰也和旁边的孩子紧紧地抱着、蹦跳着,脸上满是喜悦。我想:这拥抱虽然比不上父母对孩子的拥抱,但对小杰而言,能够拥有一个爱他的班集体,也是弥足珍贵的。

其实,只是一味地给予关心和特殊照顾,孩子不一定会接受。我们不妨从孩子的内心出发,多加留意,关注细节,从中寻找到更多有利的教育线索。这样,我们的教育才能够曲径通幽,落到实处。

(杨颖,河北省石家庄市红星小学)

我与学生共成长

2007年,我正式走上讲台。带着对教育工作的热情与渴望,我满怀信心地对自己说:一定要把这帮孩子教好!可开学不到一个月,学生小屏便通过周记对我进行了"投诉"。

尊敬的阙老师:

您好!很高兴能在高中阶段遇到您这样一位负责且充满激情的班主任,我们的喜怒哀乐都逃不过您的火眼金睛。我很佩服您的敬业,可您的管理方式不适合我这样的学生。我很懂得自我管理。所以,当看到您经常来教室"探班",在窗外监督我们上课,我就觉得您的这种管理方式纯属多余。给我们一点自由空间,好吗?

您的学生:小屏

××年×月×日

看完周记,我的心里泛起阵阵涟漪,当即写了一封长信给她,并在信中大谈我这样做的好处,还列举了一些学生在我的管理下获得成功的案例。我以为,小屏从中会体会到我的良苦用心。可没想到,小屏在之后的周记中这样写道:

阙老师:

唉,读了您的文章,我深受教育!可您的那些管理方式还是不适合我,您就不懂因材施教吗?

小屏

××年×月×日

这一次,她言简意赅,连"尊敬的"三个字都省略了,意义非凡!于是,我找到小屏,耐下心来询问原因。最终,她道出了实情。原来,她的父母都外出打工去了,她六岁时就和哥哥一起生活。父母临走时嘱咐兄妹俩要好好看家和照顾自己。经过七年的磨炼,她已经养成了自我管理的习惯。所以,看到我现在所采用的管理方式,她觉得对她没必要,同时也感到同学们太幼稚了,还需要老师如此费心费力!

听了她的倾诉,我对她说:"作为老师,我很幸运能够有你这样让老师省心和放心的学生。但是,我更希望你多和老师、同学们交流,把你自我管理的方法传授给大家。帮助别人,同时也快乐自己!另外,我和你们一样,都是刚刚进入这所学校,有些方面可能把握得不到位,请你多提意见,我们一起进步,好吗?"

听了我的建议,小屏高兴地答应:"好的,没问题,谢谢阙老师!"

从此以后,我不再如影随形地盯着学生早读,也不再动不动就趴在窗外监督学生上课。因为我多了一位小助手——小屏,她会带领同学们一起早读,督促大家上课认真听讲……

(阙万松,贵州省铜仁第一中学)

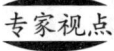

让学生始终体验到自己的尊严感

一 走进学生心灵,前提是理解学生

现在的学生普遍处在生命焦虑的状态。

首先是学业压力产生生命焦虑。"书包最重的人是我,作业最多的人是我,起得最早、睡得最晚的人是我,是我,是我,还是我;最早出门的人是我,最晚回家的人是我,最辛苦、最可怜的人是我,是我,是我,还是我。"学生的学业压力来自父母的"望子成龙"、教师的"谆谆教导"、成绩排名的"自尊威胁"和自身所面对的来自各方面的压力。压力本无可厚非,人不可避免要承受压力,压力会变成动力,人会被推着成长,社会被推着进步;但压力过大,超出了青少年的承受力,就会使青少年产生焦虑。

其次是交往困惑产生生命焦虑。原因一是亲子沟通不畅。中国科学院心理研究所的一项调查表明:当学生有烦恼和忧愁时,希望向知心朋友诉说的占24.6%,而愿意找父母谈心的仅占3.21%。二是师生对话缺失。四川省的一项调查表明:40%的学生觉得与老师在一起无所谓开心不开心,12%的学生认为不大开心或很不开心,非常信任自己老师的只占4.8%。三是同学关系畸变。电视、电子游戏等封闭娱乐形式使孩子由原来的群体行动变成孤独的个体行为,由活动型变成静止型,由主动型变成被动型,导致了不合作、不合群的心理产生;社会激烈竞争、信息化加剧、贫富差距悬殊等使成人社会人际关系疏离,从而也限制了青少年的交往能力;学生长期处于紧张的学习竞争中,形成了唯学习(学习实力)的价值观,同学之间不再是相互同情、相互信赖的亲密朋友关系。

最后是青春萌动产生生命焦虑。现在的孩子普遍提前进入青春期,第二性征提前形成,心理上提前进入异性向往期,但与此同时,他们的心理成熟度滞后于生理成熟度,对青春期生理、心理健康知识的了解不深,且学校生理、心理知识的传授往往不能与道德教育有机结合,有时严重脱节。而社会上各种不健康的网络信息、广告等对学生心理情感极易产生不良的潜意识引导。

 走进学生心灵,关键是尊重学生

尊重学生就是最好的教育手段,一个不懂得尊重学生的老师,是难以走进学生心灵的。上海建平中学前校长冯恩洪曾说:"真正有生命力的、跨世纪的学校,是尊重人格的学校;我当过 20 年的班主任,太了解尊重学生人格的意义了。"苏联教育家苏霍姆林斯基更是说,"到达教育技巧的顶峰,即师生之间心灵交往的和谐的境界","我想告诉你,年轻的朋友,一个极其简单而又极其复杂的教育秘诀","就是:只有教师关心学生的作为人的尊严感,才能使学生通过学习而受到教育。教育的核心,就其本质来说,就在于让儿童始终体验到自己的尊严感"。

如何才能做到对学生尊重呢?我认为尊重学生一定要从细小处做起。

例如,尊重学生的课间休息权。课间十分钟虽然短暂,却十分宝贵。它能调节学生的身心,有利于学生上好下一节课,有利于下节课教师的教学。不占用学生的休息时间,既体现了教师对学生休息权和娱乐权的尊重,又体现了教师在教学上的相互合作。可我们就是有这样的老师:每课必拖,少则一两分钟,多则到下一节课开始。他的理由似乎也很充分:我是为了学生啊,我想尽量给他们多讲些,尽量让他们都听懂;没办法,教学内容多、教学时间紧、课堂容量大……。这样的教师应该换位思考:假如我是学生,一堂课听下来,是不是也很累?是不是很想出去活动一下?当我看着窗外蹦蹦跳跳的伙伴时,我的心是不是也飞了?这样的教师应该自我反思:经常性拖堂是不是也暴露了课前准备不够,备课质量不高,驾驭能力不强?

再如,尊重学生的课堂话语权。课堂上,常见有老师想方设法地"启发"学生,将极有创意的回答"修理"得同教参如出一辙;校园中,也有老师认为学生讨论的话题没有价值而厉声制止,而后又抱怨学生素质太差。果真是学生素质太差吗?试想,如果学生的话语动辄遭到"修理",觉得他们这也不对,那也不行,课堂上谁又愿意自讨没趣?所以,为师者若想让学生知无不言、言无不尽,应容许学生"犯合理的错误",鼓励有个性的声音,少搞标准答案一刀切,而是把学生看成有独立人格、与自己平等的人。这样,自由开放的气氛营造出来了,课堂上"万马齐喑"的局面也就消失了。尊重学生的话语权,还要积极了解新一代的语言文化,不断增加自己的知识储备。身为教师,融入学生的文化圈子并勇敢地与之同思考、共评析，方能真正尽到为师之责任。

又如，尊重学生的阅读自主权。李希贵老师说："什么年龄读什么书。"的确，人在不同的年龄阶段有不同的心理特征，所以尊重学生的阅读自主权，首先要遵循学生的年龄特点和心理特征，不要用成人的眼光来规范学生的阅读，一提起阅读就要让学生读名著、读经典，恨不得把世界上所有的好书都塞给学生，也不考虑他们的认知水平、人生经验、审美能力等因素。另外，我们还要尊重学生的阅读趣味。有人喜欢"大江东去"，有人偏爱"小桥流水"；有人钟爱莫泊桑、契诃夫，有人专注钱锺书、余秋雨。每个人兴趣和口味不同，我们不必强求一致。此外，我们不应给学生设置太多的"禁区"，关键在于引导，引导他们正确吸纳有用的养分，引导他们正确处理和日常学习的关系，引导他们逐步提高自己的阅读品位，而不是强塞硬灌。

这里我还要特别强调，作为老师，我们一定还要尊重学生的隐私权。信件是隐私，日记是隐私，学生的考试成绩和名次同样也是隐私。

三　走进学生心灵，路径是帮助学生

苏霍姆林斯基在《给教师的建议》中说，建立师生之间的友谊，是要付出巨大劳动，花费许多精力的。有些人认为，要建立师生之间的友谊，只要带领儿童去参观旅行，跟他们一起坐在篝火旁烤土豆吃，跟他们一起分享欢乐就行了（有些人认为，学习也是一件很快乐的事）。这些看法都是错误的。建立与儿童的友谊，这是用我们的力量、我们的思想、我们的理智、我们的信念和我们的情操去鼓舞儿童的思想和情感的事。师生之间建立的友谊，必须具有巨大的、丰富的精神财富。缺乏这种精神丰富性，友谊就会变成一种庸俗的亲昵关系，而这对于教育是一种危险的现象。

苏霍姆林斯基从来不给小学的学生打不及格的分数。如果学生有什么地方做得不好，他就对他说："你试一试重做一遍，只要下点功夫，你就一定能做好。现在还没有给你打分数，你再努点力，就一定能得到好分数。要是你有哪一道题不懂，明天上课前到学校里来，咱们一起想一想。"上课前的半小时，这是他跟学生一起进行最有趣的脑力劳动的时间，同时也是他跟学生的心灵相互交往的幸福的时刻。在这半小时里，儿童是带着苦恼来找他的。要知道，儿童不会做功课，没有收获，是真正的痛苦。清晨，在校园里一棵繁花盛开的苹果树下，苏霍姆林斯基跟三年级学生尤拉坐在一起。他们面前有一道应用题，必须把它解答出来。苏霍姆林斯基帮助尤拉随时拨正思路航向。终于，尤拉发现了真理，内心充满了喜悦，尤拉觉得在认识的道路上提高了一步。尤拉感到幸福，苦恼消失了。

苏霍姆林斯基说："跟儿童在一起思考的这种时刻，也给我带来了很大的欢乐。我向你们担保，年轻的朋友：正是在这种时刻，儿童的信任才充分展示出来。如果我跟他一起解除了他的苦恼，他就绝不会欺骗我。我叫他自己把分数写进记分册，这给他一种自豪感和尊严感。"

"你有困难吗？我来帮助你！"当我们每一位教师，尤其是班主任，都用这样的心态来面对我们班上的每一名学生，走进学生心灵，就会容易很多。

（袁卫星，教授级中学高级教师，江苏省苏州市教育科学研究院语文教研员）

2

掌握不好与学生交往的尺度，怎么办？

坚持原则，严慈相济

师生关系把握：以爱为尺，以界为度

刚毕业那年，因为年轻，我跟学生一样充满了青春活力，很容易和学生打成一片。那段时光是欢乐的，学生和我无话不谈、无事不说，还邀我一起活动、游戏，我们玩并快乐着。

可是随着时间的推移，一些不和谐的现象出现了。比如，有些顽皮的学生会对我做一些出格的动作，既让我难堪，又引起一些老师的侧目和议论。由于和学生关系密切，对于学生的一些错误和缺点我总是不忍心处理和纠正，或视而不见，或轻描淡写一带而过。心想，我们师生关系这么好，我给他们留情面，他们也一定会给我留情面，不再犯错或做出别的出格的事让我为难。可是，事情并不像我想象的那样。由于我失去原则，失去师者应有的立场，学生任性妄为，不仅学习上不够刻苦，纪律上也无所顾忌，结果我们班的各项成绩均不佳。

面对惨不忍睹的分数，我心里隐隐作痛，反复自问怎么会这样？于是，新的学期，我更加努力地工作。可是，一学期下来，成绩并无多大起色。我为教学成绩太差而感到苦闷，最糟糕的是，那时的我仍然不知道问题出在哪儿。我开始变得喜怒无常。当学生听不懂、作业出现错误时，我会觉得非常委屈。在我看来，我对他们那么好，他们那么喜欢我，为什么就不能努力学好我教的科目呢？于是，我开始狂风暴雨般地呵斥他们。起初学生很自责，但时间长了，他们就不买账了，渐渐产生抵触和厌烦情绪。我和学生的关系也开始变得微妙起来，师生之间既保留着美好的回忆和向往，又害怕彼此接触，担心一不小心会伤害到对方或被对方伤害。

现在回想起来，那时的我确实懵懂无知，缺乏经验。虽说"亲其师，信其道"，但也并不意味着只要和学生关系融洽了，对学生的引导和管理就可以缺位，就可以放弃管理原则甚至不顾教育规律。师生关系融洽当然很好，但这种融洽应该是作为成年人的老师和作为未成年人的学生之间的融洽，是取得学生信任和亲近感的融洽，不是丢掉教育原则的融洽。在融洽的基础上，还要让学生意识到你是他们的引导者和管理者，你是他们的老师，他们的缺点错误不能因为这种融洽而被纵容。同时在融洽的师生关系中，教师还要公正，不能出现"特殊人员"，使一些学生"恃宠而骄"，以及在处理事情上"选择性执法"。这些有失公正的做法维护了个别学生，却会失去全体学生的心，影响自己在学生心中的形象，失去学生的信任；而那些被袒护的学生也会被孤立，会感到不自在，影响团结。

当师生关系走得过近，教师、学生迷失方向导致教学成绩不理想时，我们也不能走向另一个极端，要理性分析问题所在。关心爱护学生应该是有原则的，不能丧失教书育人的立场，更不能违背教育规律。如果是因为自己磨不开情面丧失了教育原则，导致学生无所顾忌，那么，只要把规矩立起来并坚决执行就可以了，千万不要把孩子和洗澡水一同倒掉——教学成绩差不是师生关系融洽的错，是丧失教育原则的错。

（康双成，河南省焦作市修武县实验小学）

班级人际关系出现矛盾怎么办?

师生有点距离，更美

很多年轻班主任在接班之初，与学生平起平坐，称兄道弟，其乐融融，相处甚欢。但时间一长，他们就会发现问题来了，因为与学生关系太近了，学生根本不把他们当老师看，在自己面前很随便，上课讲话、玩手机、不交作业还嬉皮笑脸，一旦处理，他们则勃然变色，认为班主任不够意思，结果不仅"朋友"关系很快破裂，学生还会认为班主任虚伪，不值得信任，从而走向另一个极端——"化友为敌"，与班主任对着干。于是，班级完全失控，班主任压力甚大。

之所以出现这种情况，归根结底，还是班主任对自己的角色定位不够清晰。《中小学班主任工作规定》第二条明确指出，班主任是中小学日常思想道德教育和学生管理工作的主要实施者。这就意味着班主任与学生存在管理与被管理的关系，班主任要实施管理，必然会有规则，会约束学生的行为；有约束，学生就会反抗。因此，班主任想与学生建立纯粹的朋友关系，只能是一个美好的幻想。

对于人际关系与管理的艺术，《菜根谭》中有一段很精到的论述："恩宜自淡而浓，先浓后淡者人忘其惠；威宜自严而宽，先宽后严者人怨其酷。"意思是说对他人施予恩惠应从淡薄到浓厚，如果先浓厚而后淡薄，人们就容易忘掉你的恩惠；而树立威信要先严格而后宽容，如果先宽容而后严格，人们就会怨恨你的冷酷。无独有偶，心理学家阿伦森也做过一个著名实验：将实验者分为四组，对被测试人员给予不同的评价，借以观察被测试人员对哪一组实验者最具好感。第一组实验者始终对其褒扬有加，第二组始终对其贬损否定，第三组先褒后贬，第四组先贬后褒。对数十人进行测试后，阿伦森发现绝大部分被测试人员对第四组实验者最具好感，而对第三组实验者最为反感。因此他得出一个结论，即"阿伦森效应"：人们最喜欢那些对自己喜欢、奖励、赞扬不断增加的人或物，最不喜欢那些对自己喜欢、奖励、赞扬不断减少的人或物。

　　了解到这一点，就不难明白学生为什么不喜欢那些最初很宽松，发现问题后又开始严格的老师了。所以，作为班级管理者，班主任一开始应对学生严格要求，待班级进入良性运转、学生形成良好习惯后可以适当宽松一些。教师与学生一开始也不宜走得太近，而应该循序渐进，慢慢加深。

　　关于与学生距离的远近，万玮老师曾建议：如果班主任有足够的人格魅力，那么可以与学生走得很近；如果班主任自身存在很多瑕疵，就不宜与学生走得太近，以免暴露自身的不足，不妨让"距离"产生"美"。

　　在这方面，笔者的年轻同事的做法非常值得称道。在班级管理上，他要求严格，同时大部分事情都能做到以身作则——要求学生做到的他自己先做到，态度上却不失温和与耐心。学生很喜欢他，同时也很尊敬他。但有一件事情，他坚决不做——带学生去自己的宿舍。为什么呢？他很不好意思地说，他不爱收拾屋子，起床后从不叠被子，如果学生见到自己的这一面，恐怕再教育学生注意保持宿舍卫生就底气不足了。

　　笔者认为，这位同事这样处理是非常合适的，因为人无完人，班主任多少都会有自己的不足，如果全然袒露在学生面前，会削弱学生对班主任的敬仰，降低班主任的威信，从而增加管理的难度。这就是所谓"亲密有间"，距离产生美。

（阳海华，广东省东莞市电子科技学校）

 班级人际关系出现矛盾怎么办?

你们是老师的真朋友吗

——交往心态调整：矫正认知，摆正位置

那一年，我新接五年级某班。当时我比较年轻，孩子们的个头跟我差不多，和我很谈得来。我便把他们当朋友一样对待，邀请他们和我一起分析班级问题，一起策划和组织班级活动，甚至征求他们对我的课堂教学与班级管理的意见……最初孩子们表现得都很好，带着对我的尊重，真诚地与我交往。可是不久后，有些学生就开始利用我们之间的友好关系来"投机取巧"，比如有的开始在班级劳动中偷懒；有的假传命令，让别人替他完成任务；还有几个学生商量好不做作业，小组长检查时，他们就威胁说："老师和我们关系可好了，你别惹老师不高兴！"我批评他们时，他们或顽皮地应对，或很不高兴地离去。

面对这种情况，我意识到：我对学生的友好和宽容让他们放松了对自己的要求，也让他们误认为和我关系好，犯了什么小错误我也不会把他们怎么样。他们这是在利用我的爱啊！对此我很矛盾：到底该怎样把握与学生交往的度呢？想来想去，我认为朋友式的师生关系应该是好的，班级之所以出现这样的问题，是因为我没有让学生理解"朋友"这一关键词的内涵。

我决定召开一次主题班会专门探讨这个问题。于是接下来的几天，我一边观察孩子们的表现，一边搜集材料。经过一个星期的准备，班会如期召开。这次班会与以往不同，我没有事先在黑板上写下主题，而是先读了几个发生在我与学生相处过程中的小故事，内容都是我如何帮助他们的，并详细描述了我的内心活动，表达出我想和他们成为朋友的愿望与期待。在读的过程中，我不时观察孩子们的表情，看到他们的脸上现出温暖的笑容，并用感激的眼神看着我。

我讲完这几个小故事之后,有学生说:"老师,您对我们都很好。"我笑着说:"我跟大家讲这些,就是想告诉大家,我想做大家真正的朋友,你们愿意吗?"孩子们异口同声地说:"愿意!"此时,我才在黑板上写下本次班会的主题——你们是老师的真朋友吗?

一时间,教室里鸦雀无声,孩子们面面相觑,有点儿摸不着头脑。过了一会儿,一个孩子说:"老师,我们是您的真朋友啊!"其他学生附和着:"是啊!是啊!"我笑着说:"我想听听你们对真朋友的理解。给你们十分钟时间认真思考一下,讨论讨论,然后再说。"在交流时,有几个孩子说了对真朋友的理解,如真诚、友好、互帮互助等。我总结道,从这些方面来看,大家是老师的真朋友。下面我请大家来做几个判断题,看看这些学生是不是老师的真朋友。

1. 小明认为老师对他们好,就不完成作业,以为这样老师也不会批评他,结果老师批评他了,他满心不高兴。

2. 学校有劳动任务,丽丽偷懒,老师提醒她,她生气地说:"老师真不够朋友,这么多人劳动,也不差我一个啊!"

3. 丹丹学习不上进,老师对她严格要求,她对别人说:"老师怎么这样,还说是我的朋友,有这样的朋友吗?"

这些都是班里发生过的真实事件,只不过故事的主人公换了名字。这几个判断题一出,那几个孩子就红着脸低下了头。针对这些题,孩子们进行了有理有据的分析,那几个孩子也认识到自己的错误并道了歉。由此可见,针对小学生的特点,把他们出现的实际问题写在纸上让他们自己来分析,还是十分必要的。

最后,我郑重地问孩子们:"你们愿意做老师的真朋友吗?"孩子们又一次异口同声地说:"愿意!"接下来,我们开始了"我们都是真朋友"的签名活动。

在后来的日子里,我与孩子们的交往真的很融洽,虽然也有孩子一时犯糊涂，但马上就有人提醒他注意，我也经常把我写的与他们做朋友的故事读给他们听。我和孩子们成了名副其实的真朋友，我们一同为班级的发展出力，一同在互敬互爱中成长。

（秦庆华，裴桂芝，吉林省蛟河市庆岭镇金城小学）

老师的关爱不是特权

这天刚上班，班长小豪气呼呼地把一封辞职信往我办公桌上一放，转身就走了。我打开信，信上说他能力有限，难以胜任班长职务，推荐我的课代表小雪继任班长。我大惑不解。小豪虽然有时毛躁一些，但总体来说班长工作干得很出色，大家都很认可，而小雪明显不是做班长的料。这是怎么回事呢？

我找来几位积极热情、公平认真的学生了解情况。大家反映，小雪平时不大服从班干部的管理，还经常在班内以班主任的"小棉袄"自居，向同学们炫耀自己跟班主任的亲密关系，说老班经常给她好吃的，经常表扬她课代表干得很出色，学校一些活动她预先知道，甚至连老师们在办公室里的一些小插曲也当作新闻在班里传播。昨晚自习课上小雪偷偷给同桌分苹果吃，引起了班长小豪的注意，他提醒小雪注意自习纪律，却遭到了小雪的反驳："要你管我！你算老几？"两人产生了言语冲突，也引来同学们对小雪的不满。

那个"惹祸"的苹果是我昨天下午送给小雪的。当时她搬着一摞外语作业来到办公室，气喘吁吁、满头是汗。我心里一热，就从抽屉里拿出一个大红苹果送给小雪表示感谢，没想到闹了这么一出。

小雪是我的课代表，我们几乎天天见面，交流较多，关系自然也非常亲密，内心还真有点儿把她当自己的女儿看待。又因为办公室和教室有段距离，为了不耽误孩子们的时间，除非特殊情况，一些事务性的工作我都是让小雪捎话给小豪。时间长了，小雪滋生了一些虚荣浮躁的毛病，在班长面前高高在上，给小豪行使班长职权、开展班级管理工作带来一些负面影响。反思我自己的言行，确实应承担一定责任，没"扮演"好班主任和任课教师的双重角色，没把握好与学生交往的尺度。

我把小雪找来，搬把椅子让她坐在我对面，然后和蔼地说："小雪，跟老师说句实在话，你觉得刘老师为人怎么样？"

小雪忐忑地说："您和蔼可亲，感觉就跟我妈妈一样。"

我笑着说："谢谢！你学习积极，成绩优秀，工作认真负责，人又勤快热情——我也把你当成我的女儿一样。"小雪不好意思地笑着点点头。

我接着说："那你看老师对班里其他同学怎么样？"

小雪想了想说："没啥区别，也都一样。"

我说："这就对了，同学们都是老师心里的好学生，老师自然对大家一视同仁。因为你是我的课代表，相比其他同学，我们俩的关系更亲近一些，但你不能把这当作一种特权在同学们面前显摆。你说是不是？"

小雪红着脸说："老师，我知道错了，同学们近来也都疏远我了。"

我说："对啊！咱们的亲密关系，咱们自己心照不宣就行了，比如说我给你苹果这事儿，同学们知道了难免有别的想法。大家心里不只怨怪你，还会对我产生不满。大家会说，看小雪被咱老班惯的，连班级纪律也不放在眼里了。咱们不能因为咱俩的小亲密而疏远了全班同学，造成大损失，对不对？"

小雪点点头，说："老师，我明白了，给您添乱了，我一定改。"我满意地拍了拍她的肩膀，然后和她一块商量解决办法。

之后，我又找小豪谈心，先是诚恳道歉，坦承因自己疏忽造成了大家的误解；接着肯定了他的班长工作，希望他继续干下去。他不好意思地说："老班，我理解，您是爱我们的。我也是一时冲动，本心并不想辞职的，嘿嘿！"

接下来，我利用晚上的班务时间搞了个小活动。一开始，班长小豪就给每个同学分发了一个苹果。拿到苹果的同学诧异地询问能不能吃。我笑着说："这是我送给大家的小礼物，当然能吃，现在就可以吃；但上课或自习期间不能吃。"大家心照不宣，都笑了起来。在轻松的气氛中，小雪站起来就晚自习吃苹果一事认了错，就平时的一些违纪言行诚恳地向大家道了歉，并表示会坚决改正。她的真诚得到了同学们的认可。

之后我总结说："我们在生活和学习中有些矛盾或误解是正常的，但出现问题后大家一定要坦诚相待、彼此谅解。我相信，误解和矛盾不会阻挡我们17班这艘团结友谊的大船破浪前行。在我眼里，咱们有缘在一起，就是相亲相爱的一家人。你们都是我的小棉袄，也都是我的小苹果。"教室里响起了热烈的掌声和欢呼声。

（刘姿爽，山东省淄博市桓台第二中学）

向孩子展现自己的优势

人过四十五，就到了一个尴尬的年龄，尤其女教师，几乎是孩子的妈妈辈，和学生的代沟越发明显。

本学期开学，我担任高三（1）班班主任。和我同一办公室的（2）班班主任是个工作不满五年的女教师，年轻、漂亮、充满活力，非常受学生欢迎。一下课，学生就围着她谈天说地，她的办公桌前每天都热热闹闹的。此情此景常令我想起自己初为人师时，也是和学生打成一片，一起在操场上跳绳，一起聊天说笑，那场景和眼前多像啊。而今我这里却是"门前冷落鞍马稀"，学生除了有必要的事情来找我，很少和我聊天。两种气氛的反差使我不得不反思，我哪里做错了吗？

于是学生再来找我时，我尝试着和他们多聊一会儿，可他们往往回答完我的问题就跑掉，丝毫没有多停留一会儿的意思。我怅然若失，不禁悲叹："老了，学生都不待见我了。"

惆怅中，我回忆起自己上学时，也喜欢和年轻老师亲近，总觉得岁数大的老师很严厉，不容易接近，而且因为代沟，总害怕没有可聊的话题，索性敬而远之。再回想，对自己影响最大的老师又是谁呢？——是气质儒雅的语文老师，他讲解课文时那丰富的学识和低沉浑厚的男低音深深迷醉了我；是严谨忙碌的英语老师；是不苟言笑却对每个学生了如指掌的班主任。想来想去，我发现真正能走进我们心灵并留下深刻印象的，竟然都是些中年教师。

十月开家长会，一位家长对我说："滕老师，孩子们都叫你'北清妈'呢，他们很敬重你啊。"我听了，感慨万千。"北清"是北大、清华的简称，说我带的学生考上北大、清华的多，这是对我教学工作的肯定。而"妈妈"是温暖、关爱、幸福的象征，孩子们肯把这个称呼给我，是对我教育工作莫大的褒奖啊！

由此可见，中年老师有中年老师的优势，他们具有儒雅风范，做事沉稳大气，知识丰富，底蕴深厚，往往会在孩子心里留下更深刻的印象，这些印象可能会影响孩子的一生。孩子们会以老师为榜样，将来做一个同样有素质、有修养的人。就像一个女性，年轻时光彩夺目，如花朵般绚烂美丽，而到了中年，就如秋叶般静美，温柔坚定，气质优雅，显示出成熟的知性美。

虽然我再也回不去青春飞扬的岁月，但我也有我的优势，既然到了做妈妈的年龄，就让我安安稳稳地给孩子们做一个"好妈妈"：他们生病时，我把手掌轻轻放在他们的额头上，他们一定会想起妈妈温暖的手；他们学习上遇到困难时，我用温柔而坚定的眼神鼓励他们战胜困难，他们也一定会想起小时候摔倒时妈妈的眼神，那么温暖，那么坚定；当他们情感上遇到困惑时，我和风细雨般轻轻拂去他们心灵的阴霾，让他们内心重新充满阳光，他们一定会想起自己哭泣时妈妈的轻声安慰吧。

也许孩子们不会捂住我的双眼和我玩"藏猫猫"，不会随便拉开我的抽屉找吃的，不会和我撒娇耍赖——但那不是我的错，那是我的年龄赋予我的威严。孩子们会在我面前规规矩矩答话，而不会放肆谈笑；他们会听从我的指令，不会有意冒犯；他们会对我的教导虚心接受，而不是当作耳旁风；他们会尊重我的课堂教学，因为我有多年的教学经验、较高的教学水平，他们心服口服；他们会尊重我的学识，因为我有满腹的诗书，早已沉淀出优雅的气质；他们会敬重我的人格，因为我有四十多年的人生经验，足以做他们的导师。

我释然了！不追随他人，不苛求完美，做一杯醇厚的咖啡，浓香馥郁；做一杯清雅的香茗，优雅清纯；释放一个中年女教师最有魅力的一面，做一个合格的好妈妈，让孩子们内心拥有安全感和幸福感——这就是我的成功，也是我现在与学生交往的最合理尺度。

（滕忠美，广东省阳春市第一中学）

老师，谢谢您没有批阅那本周记

参加工作的第一年，我担任高一（2）班班主任。我充分发挥自己时间和精力都充沛且年轻的优势，对工作投入了极大热情，几乎天天和学生泡在一起，一起打篮球，一起去食堂吃饭，一起做班级卫生……，学生都亲切地称呼我"大哥"。在学校的各项评比中，我班的成绩均名列前茅。正当我为自己一参加工作就能取得如此成绩而沾沾自喜时，一个意外打破了原本的平静。

那天，在批阅周记时，我发现小倩的本子里夹着一封写给我的信。她在信中提到，在和我一起上课、做游戏的过程中，她对我产生了极强的爱慕之情，而且还列举了几对师生恋的例子，表示愿意为之付出努力。

看完信，我陷入了深深的思考。或许因为没有把握好分寸，我和学生走得太近，才让她产生了非同一般的情愫。而且细细想来，学生不分场合地喊我"大哥"，影响确实也非常不好。我有必要做出一些改变了。

我立刻停下手头的工作，把小倩的周记放入那些没有批阅的周记本中，然后抱到教室，故作惭愧地说："同学们，老师因为身体欠佳，这次的周记只批了几本，先发下去，下周再一起看吧。"然后我暗中观察小倩，只见她拿到本子后，慌乱地打开，看到我没有批阅，一种极为复杂的表情出现在她脸上，不知是庆幸还是失望。

在接下来的一周里，我首先召开班会，强调：（1）尽管我们是亦师亦友的关系，但是以后不许在公开场合称呼我"大哥"，毕竟学校是一个传授道德礼仪的场所；（2）我再参与学生活动时，会尽量站在一旁看他们表现，他们才是主角，我只是站在一边鼓掌的观众而已；（3）因为工作繁忙，我会减少和每个学生单独交流的时间，如有共性问题则召开班会讨论解决（我没有明确说会减少和异性学生相处的时间，是怕学生误解或胡乱猜测，反而不妙）；（4）重申班级目标，并把具体责任明确到每个人身上，小倩的任务就是争取考进年级前20名，争做县"三好学生"。

随着明确自己的身份，我和学生的关系渐渐回到正轨上来，我们彼此更加信任和团结。对待小倩，学习上我并不刻意回避她，不让她感觉出异常，但生活上则尽量回避，这样小倩渐渐地由心神恍惚又变回原来那个活泼开朗的小姑娘了。

在期末最后一次周记上，小倩写道："老师，有一次周记您没有批阅，您可能永远都不知道周记的内容，但正是那一次没有批阅挽救了我。我不知道假如您批阅后，会怎么看我，我们会怎么相处。经过半年的冷静，我想明白了许多问题，感觉过去的自己十分幼稚可笑。学校是我们成长的必经之路，而老师们是路上盛开的花，那是绚烂的美景，但路终究是要通往前方的，我们不得不闻着花香，大步向前！老师，谢谢您！我会朝着自己理想的大学努力，去寻找属于自己的风景。"

看完这篇周记，我心里那块悬着的石头才彻底卸下来。青春期的孩子

班级人际关系出现矛盾怎么办？

敏感、易冲动，而作为成人的班主任，我们对学生易感动、易受伤的心理应给予理解，处处小心谨慎，注意自己的言论，约束自己的行为，把握好和学生的距离，做到不冲动、不伤害、不冷淡、不急躁，用时间和耐心去愈合因交往尺度不当而造成的伤痛。

（王青生，河北省泊头市第一中学）

一件令人尴尬的往事

那一年，年轻的我刚刚调入高中，单纯得有些不谙世事。

一天上课前，我站在讲台上环顾四周，发现我的课代表小佳的座位空着，便问学生："小佳怎么没来？"有学生回答："她向班主任告假了，因为感冒发烧在宿舍里休息。"

上完课，我心里仍挂念着学生，决定去看望一下。小佳看到我来了，显得很惊讶："老师，您怎么来了？""听说你病了，我来看看你呀！"进屋后，我笑着示意她回床上躺好。一番嘘寒问暖后，我很自然地摸了摸她的额头，说："有点儿烫，吃药了吗？""吃了，但是不太管用。""不行就回家休息两天，好了再回来。"她低下头，说："家里就我和妈妈一起生活，她上班很辛苦，我怎么能再给她添麻烦呢？"说完后两行泪水流了下来。我安慰了她几句，便离开了宿舍。

傍晚时下起了雪，想到小佳，我犹豫了一下，还是走出了校门。当我再次回到小佳宿舍时，她正在看书。我又伸手摸了摸她的额头，发现不烧了。我问她："吃饭了没？""没，不想吃。"她回答。"老师给你买了一碗热面条，瞧，还有两个荷包蛋，趁热吃了吧。"当我变戏法一样掏出一碗热面条，放在她面前时，她沉默了。突然，她抬起挂满泪珠的脸凝望着我，顺势用热乎乎的双手捧住我的手，说："看你，这么冷的天，手都冻凉了。"

这种嗔怪的语气令我的心猛然一惊，触电般把手缩回来，瞬间感觉宿舍里的气氛不对劲。我语无伦次地叮嘱了她两句，就逃了出去。

我的天，这是什么情况？是我想多了还是学生误会了？惊魂未定的我平息了一下情绪就回办公室备课去了。小佳病愈以后，来找我的次数明显增多了，而且专挑办公室没人的时候，说的净是一些没头没脑、暧昧不明的话。我一方面有意装糊涂，另一方面提高了警惕，开始回避她，再也不敢贸然与她私下接触。她写给我的小纸条也不回复，以免加深她的误会，防止她越陷越深。日子久了，她也明白了，除非学习上有事，其他时间不再来找我。后来，我不再教她那个班，这件事才算画上了句号。

从那以后，懵懂无知的我开始对人情世故、待人接物有了一些了解和感悟，并一直在思考如何与异性学生保持距离。最近两年，媒体时有报道男教师猥亵女学生或女学生状告男教师性骚扰的案件，我便默默地给自己立了几条规矩：第一，除非极特殊情况（如学生摔倒受伤，需要搀扶救助等），绝对不和异性学生有任何肢体接触，学生发烧要用体温计而不能随意用手去触碰其额头；第二，和异性学生谈话最好在办公室或操场等公共场合，并有第三者在场，如果就师生二人，必须把办公室的门窗敞开；第三，摆正心态，保持冷静，不许对异性学生有暧昧言行，避免引起学生不必要的误会。自从制定了这几条原则并严格执行后，我和异性学生交往再也没有出现过令人尴尬的场面。

（杨越涛，河北省沧州市渤海新区中捷产业园区高级中学）

班级人际关系出现矛盾怎么办?

与异性学生交往"四原则"

工作中,为了加强沟通、了解情况、解决问题、协调关系、增进感情,班主任免不了要与异性学生接触、谈心。然而,异性交往毕竟是非常敏感的话题,我们在与异性学生交往时,要注意以下四项原则。

❶ 师德底线要坚守

热爱学生是为师者的道德底线,"一日为师,终身为父"既反映了人们对老师最朴素的尊敬之情,也可以说是对师生人伦关系的界定——老师应该像对待自己的孩子一样呵护学生、关爱学生。促进学生成长发展是老师与异性学生接触的唯一出发点和根本宗旨,不容许掺入一丝一毫的私心杂念。如果教师在与异性学生交往中存在任何不纯动机和不轨言行,就是对师德底线的践踏,对教师这一神圣而又崇高职业的亵渎,必将为世人所唾弃。

❷ 法律红线要谨记

依法从教是法治社会对教育工作者的基本要求,也是师德规范的应有之义。教师应该是遵纪守法的楷模,包括教育教学活动在内的一切言行举止都必须符合我国相关法律法规;师生交往活动自然也应该以遵守法律法规为准绳，切不可逾越法律法规的红线。与异性学生交往尤其要强化法律意识，尊重和保护学生人格尊严和身心健康，绝不能违反《中华人民共和国刑法》《中华人民共和国义务教育法》《中华人民共和国未成年人保护法》等法律法规，以及各级教育主管部门制定的有关师德规范和纪律要求。否则，必然会受到法律的严惩。

三　时间地点要适当

与异性学生交往要光明磊落，以免引起不必要的误会和麻烦。换个角度看，这对老师自身也是一种保护。在时间上，我们应尽量利用工作日而不是节假日约谈学生，并且尽量利用课间而不是放学后；如果是节假日或放学后约谈，要预先告知家长，最好邀请家长陪同或让家长接送。在地点上，我们可以选择教室、公共办公室、操场等公开场所，最好同时有其他人在场；如果无他人在场，应该打开门窗，坐在明亮显眼的地方。我们不应单独与异性学生在无人的场所接触，更不可单独将异性学生带去宿舍或家里。

四　言谈举止要得体

与异性学生交往，教师态度要诚恳和蔼，言辞要亲切真诚，努力达到教育效果的最大化。如果是为了教育犯错误的学生，更要注意控制自己的情绪，讲究教育技巧和讲话艺术，千万不能产生甚至激化矛盾，以防发生人身意外伤害。言谈中，教师切忌爆粗口、说脏话，也不可有暧昧之词、淫秽之语。交往中，老师要与学生保持一定的距离，不要离得太近，更不能有任何肢体接触。

（沈建军，江苏省泰兴市黄桥初级中学）

遭遇师生"绯闻",请理智

人为的距离伤害了谁

夹在作业里的诗

刚工作两年的我,教初三两个班的课。一次,我发现一名女生的作业本里夹着一张纸,上面写了一首诗。我认真读了一遍后,有些小惊喜地在办公室里说:"有个学生交的作业里写了一首诗,写得还不错,挺有才气的。"大家一听,都呼啦啦围过来,边看边七嘴八舌地议论:"这是谁写的?""挺抒情的!""才女啊!"

为了表示肯定,我在诗后写下一句鼓励的批语。上课时,我还特意关注了一下,发现那个女生坐在教室最后排的角上,没有同桌,一个人靠着两面墙,看起来有点儿被放逐的味道。我特意点名让她回答问题,结果全班学生都惊讶地回头,齐刷刷看着她。她不情愿地站起来,看了我一眼后,低着头不说话。场面有些尴尬,我就让她坐下了。

我与学生间的"绯闻"

本以为事情就这么结束了,可没过多久,我就听到各种议论,甚至有传言说她写给我的是一首情诗。面对这种情况，我有些不知所措：解释吧，越描越黑；不解释吧，又不是他们说的那回事。刚工作的我没什么经验，处理这样的事情感觉很棘手，技巧方法更谈不上，脑海里就只剩一个念头：必须与学生划清界限，保持一定距离，不然，这样的以讹传讹会越传越广、越传越乱，后果不堪设想。

保持距离"三不原则"

于是，上课我不再叫她回答问题，不再关注她，时刻注意与她保持距离。对于她后来又夹在作业本里的诗，我采取"三不原则"：不管、不理、不予置评。她怎么交上来的我再原封不动地还回去。就这样连续三四次后，有一次她交的作业本里夹着一张纸条，上面言辞激烈，大意是"你别高看自己了，我写诗不是给你看的"。对此，我还是不管、不理、不予置评。这之后，她没再写什么，作业也不交了。

教室里被遗忘的角落

后来我慢慢了解到，这个女孩是个很偏激的人，那一次我上课叫她起来回答问题其实是冒着很大风险的，因为说不定她就摔书走人了。熟悉她的老师都知道这一点，所以一般上课不会叫她，这也是当时所有学生都齐刷刷看着她的原因。明白了这些，我只有暗自庆幸，因为我的教学经验太少，不会处理这种突发状况。此后，我更不敢贸然"进犯"了，只能离她更远，眼睁睁看着她在教室被遗忘的角落里成了"孤家寡人"。

如果我能使一颗心免于哀伤

快毕业的一天，我无意间听说那个女生跳河自杀未遂，原因是班里有学生说她偷东西，她选择以死来自证清白，幸亏路人把她救了。但她还是在离毕业没几天的时候辍学了。对此，我感到很惋惜。

一次翻书，我看到诗人狄金森的一首诗，题目是《如果我能使一颗心免于哀伤》：

如果我能使一颗心免于哀伤／我就不虚此生／如果我能解除一个生命的痛苦／平息一种酸辛／帮助一只晕厥的知更鸟／重新回到巢中／我就不虚此生

看过之后，我心里更是无限自责：诗人对待动物尚且如此，而我面对一个活生生的人、一个女孩，又是怎么做的呢？

后来我才知道，她给每一位新的科任老师交作业时都会写上一首诗，其他老师见怪不怪，只有我处理不当，导致后来出现那些流言蜚语。对于这个被遗忘在角落里的孤独女孩而言，她可能只是想用诗来体现她存在的价值与尊严，用诗来引起老师的注意，证明她是一个有潜力和尊严的"好学生"，而慌乱无措的我却残忍冷漠地伤害了她。

现在回过头来看，我与学生刻意保持的这段距离，是一段无知又愚蠢的距离，是一段完全错误的距离。因为在这段距离里，我夹带了自己的私心。我为了保全自己，彻底抛弃了学生，完全忽略了她内心的感受，让一颗渴望阳光的心再一次被冰雪无情地覆盖。

如果一切能重新来过，如果我能理智对待那些流言蜚语，如果我能使一颗伤痕累累的心免于哀伤，我的教育生涯才不算虚度。可是时光无法倒流，这件事注定成为我心中永远无法弥补的遗憾。老师们，请善待每一个稚嫩的心灵！

（张立群，山东省济南市商河县文昌实验学校）

特别推荐

师生交往必须处理好"六个关系"

笔者认为,班主任与学生交往应处理好以下六个关系。

"亲"与"疏"

许多班主任认为:要想得到学生认可,就必须与学生打成一片。于是,他们跟班紧密,有的干脆把办公桌搬进教室,与学生"形影不离",目的是让学生将班主任的"辛苦""敬业"看在眼中,记在心里,模仿在行动上,实现"亲其师,信其道"。然而青少年正处于一个较为特殊的时期,他们并不喜欢将自己的一切都袒露给家长和老师,希望拥有自己的天地,能够在相对自由的时空里独立思考、学习、生活而不受干扰,所以班主任的这种做法往往只会让学生觉得失去了自由,感到压抑甚至厌烦。相反,一个将学生拒于"千里之外"的班主任,学生也是不会主动与其沟通交流的,师生之间会被一条鸿沟阻隔,极不利于班级建设和发展。

因此,距离太近或太远都不利于师生之间的交往。在亲近之余,班主任要善于给学生留有一定的空间,有意识地"疏远"学生一些,让师生之间的"美感"再增加一些;在"疏远"时,不忘"亲昵"沟通,让师生交往处于一种既神秘又美好的相互探索之中。

班级人际关系出现矛盾怎么办？

"实"与"虚"

务实的班主任，必定是学生喜欢的班主任，因为他们善于从当前做起，从具体事务做起；善于深入了解每一位学生，研究他们的学习、生活，了解他们的烦恼、困惑；善于理解他们的想法、做法，愿意分享他们的喜怒哀乐。务实的班主任在学生心中有威信，有感召力，学生乐于向他倾诉心里话，师生间的交往很默契，很融洽，也有很强的凝聚力。

但交往中班主任还须学会务"虚"。"虚"是相信学生，赢得学生"真心"的必要手段。对于学生的事，该管的要管，不该管的忍住不管，尤其是他们的一些"小隐私"，班主任要睁一只眼闭一只眼，相信他们可以自己处理，自己解决。尊重学生的选择，给学生更大的自我发展空间，师生之间的交往才会更深入。

"严"与"慈"

任何一个学生都不喜欢自己的班主任整天板着脸孔说教。"慈母"式的班主任给学生造成的心理压力少，容易将师生间的沟通通道打通，也能将学生思维之门打开，学生接受教育的效果会大大提高。但需要注意的是，过分"慈爱"会令学生不把你的话当一回事，会丧失班主任应有的威信和尊严，从而失去号召力和感染力，后果极其严重。这种情况新教师尤要引以为戒。

与"慈母"式班主任相对的是"严父"式班主任，学生见之如同老鼠见猫，闻声则色变。"严父"式管理模式会造成学生个性压抑、自卑感重、胆小怕事，或刺激学生产生逆反心理，导致师生关系僵化。

因此，班主任要正确把握"严"与"慈"的尺度，既不能太"慈爱"——凡事迁就纵容，认同甚至效仿学生，亦不能太严厉——事事冷面铁心，斩钉截铁。要做到将"慈"与"严"有效结合，既要做有原则的"慈母",也要做有温情的"严父"。只有做到"严中有慈,慈中有爱,爱中有教",才能达到有效交流与教育学生的目的。

"冷"与"热"

班主任热情过度,事事亲力亲为,学生可能会"蹬鼻子上脸"或"跌倒油瓶不扶";班主任冷若冰霜,事事不管不问,学生会拒你于"千里之外"或"各自为政,一盘散沙"。所以,班主任该热情时绝不要冷漠,该冷静时绝不要火暴。尤其是学生犯错误时,更需要班主任将"热问题"放下来,让它适当"降降温",切忌急于和学生立刻沟通解决。要等学生和班主任自身的情绪都稳定下来,搞清楚事情的原委,留给学生,也留给自己一个冷静分析、思考的时间和空间;等疏远和冷漠发挥出最大的惩罚效果;等学生盼望班主任爱护,期待班主任批评时,再决定采取适当方式沟通,效果就会事半功倍了。把握好与学生交往中"冷"与"热"的关系,可使班主任少些感性,多些理性,沟通渠道会更顺畅。

"朋友"与"导师"

有些班主任认为师生交往应泾渭分明,老师在学生面前应具有高大感、威严感,于是在与学生交往时总是摆出一副威严的"导师"面孔,在关爱学生时也总是以"政委"的姿态出现,这种"导师"型的班主任对学生有很高的震慑力。虽然表面上看学生对老师极其尊重,实则师生之间的代沟非常深,极不利于双方真实的信息交流及反馈,不利于师生间和谐关系的形成。

涉世未深的学生渴望从班主任那里吸取经验,学会做人的道理,希望在学习、生活中班主任能像朋友那样了解他们,指导他们;盼望班主任为他们的成长点上一盏明灯,照亮他们成长的道路,指引他们前行。所以,在与学生交往中,班主任既要做导师,又要做朋友,正所谓亦师亦友,方能让师生之间的交往更顺畅。

"个别呵护"与"遍洒阳光"

有些班主任与某些家长走得近,因而在与学生交往时,自然不自然地与这些家长的孩子显得比较亲昵,或多或少会将爱的天平向他们倾斜,违背了师爱的公平、公正性原则。也有的班主任刻板地遵循"一碗水端平"的原则,向所有学生平均"分配"师爱。我们认为,这种"遍洒阳光"并不代表班主任的"博爱",至少显得不够人性化。

每一个班总会有几个特殊的孩子,他们或因自身有缺陷,或因家庭有变故,或因其他种种而显得不合群;他们或暴力,或懦弱,或自私,或古怪,需要班主任主动走近他们,给予其特殊的关爱——发现他们身上的闪光点,真诚地表示欣赏之意;言辞诚恳,绝不刺激他们敏感的神经;细心呵护、抚慰他们脆弱的心灵;提供机会,给予他们展示自我的舞台……。公平、公正、"遍洒阳光"式的交往是赢得大部分学生敬重的主因,但尊重学生个体差异,满足特殊学生特别的情感需要,这种"个体呵护"在师生交往中也是弥足珍贵的。

综上所述,正确处理好六种重要关系,师生之间的交往才会更和谐、更美好。

(陈红德,甘肃省酒泉市第四中学;杨丽玲,甘肃省酒泉市南关小学)

专家视点

教师与学生交往的智慧

与学生交往是教师的主要工作形式,是教师工作质量的重要保障。然而,这也是问题频发的方面。在与学生交往的过程中,不少教师或因过近的距离而失去原则,或因过远的距离而失去深度,当然也有很多教师因为保持了与学生之间的合理距离而彰显了行动的智慧,从而取得了很好的教育效果。因此,处理好教师与学生交往的距离问题是成为优秀教育工作者的一个重要方面。

一 教师与学生交往的距离实质

为什么教师与学生交往会涉及"尺度"或"距离"问题?

无论是"尺度"还是"距离",对教师与学生交往问题而言,都是一种隐喻的说法,都是在较为抽象的层面上才能谈及的。"尺度"的本义主要指事物长短、深浅或高低的衡量标准,"距离"的本义主要是指两个事物之间的远近程度。把"尺度"和"距离"的本义用在教师与学生交往方面,可以看出这里主要涉及的是教师与学生交往的深浅或远近问题。从两个事物的交往和关系角度来说,由于"远近"比"深浅"更为形象,这里主要使用"距离"的远近意义来表示这个问题。

为什么教师与学生交往要关注"距离"的"远近"?人们一般认为人和人之间的距离越近越好,近了说明亲密或关系好。但是,由于教育领域的

"不一般",这种"越近越好"的一般观念经常遭遇挑战。如果教师与学生交往很近,就意味着教师个人的喜好、情绪、习惯甚至各种缺陷都会更容易暴露出来,当然也意味着对学生产生负面影响的可能。然而,作为教育者,教师不能无视这些"负面影响的可能",要学会通过适度远离学生来避免对学生产生负面影响的可能。反之,如果教师与学生不交往或很少交往,将远离学生个人的内心世界,而教育工作要求的"实现对学生精神发展的引导"将无从谈起。因此,正是这个难题决定了要对教师与学生交往距离深入关注。

教师与学生交往距离的基本调节原则

教师与学生的交往不能一味追求远近,但到底该如何把握这个问题呢?应该从教师与学生交往的使命和功能开始。

与一般社会交往可能追求慰藉或娱乐不同,具有社会规范身份的教师与学生在交往上具有了更为直接的使命和功能,即教师与学生的交往应该为教育而存在。从这个使命来看,教师与学生交往距离调节的根本原则是教育性原则。这里的教育性原则主要是指教师在与学生交往中要根据是否达到教育效果的要求来调节距离,而不能根据是否让自己得到慰藉、快乐或避免麻烦而确定自己与学生的距离。在现实的教育工作中,根据自己的好恶来确定与学生交往的距离是经常出现的问题,有些教师喜欢"与学生打成一片",有些教师则喜欢"不与学生纠缠",这种单一方向的选择从根本上很难适应教育工作对师生距离的弹性需求。可以说,不同的教育目标需要不同的师生距离与之相匹配,如要教育犯错的学生一般需要教师规范角色的较远距离交往,而从心理上疏导学生则需要教师温情角色的较近距离交往。基于上述分析,这里可以明确教师与学生交往距离的基本调节原则是教育性原则,这种教育性原则本身从根本上要求建立一种基于教育目标多样性的弹性原则。

在多数教育情境下,基于教育性原则的弹性调节师生交往距离需要达到亲和性和敬畏性的双重总体效果。所谓亲和性的效果主要是指，教师能够让学生感觉到亲切，能够和学生谈论与教育任务有关的内心想法和感受，不能疏远学生。所谓敬畏性的效果主要是指，教师能够通过展现高品质的道德、学识或学习能力而达到在交往中对学生的引领、示范或训诫。在这些解释的基础上，亲和性和敬畏性的双重总体效果可以更进一步理解为教师能够在交往中既让学生感受亲和性，又让学生有一种敬畏感。具体来说，教师能够在学生需要找教师帮忙谈心时展示出亲和感，同时在学生需要规范或激励时能够展示出令人敬畏感。

三 教师与学生交往距离的基本调节方式

教师与学生交往距离的具体调节方式大体上分为"拉近"和"远离"两大类。"拉近"的师生交往距离调节方式所起到的效果主要是让师生越来越亲密，而"远离"的调节方式可以让师生因意识到对方的身份、地位和权责而疏远。这里分别做出解释。

教师与学生交往距离的"拉近"从根本上要求师生在交往中展示更多的不加掩饰的个人情感和观念，这是"拉近"方式的实质。在这种方式中，"不加掩饰"是至关重要的特征，它要求师生能够把心底的感受和想法呈现出来，不刻意去修改或隐瞒。在日常的做法中，"拉近"可以包括闲聊、谈心、共同参与体育文娱活动等。在这些典型的"拉近"活动中，师生可以更加放松，在不断增加信任的基础上敞开心扉、展示自己的不同侧面。一般来说，很多教师的"拉近"活动都会特别考虑环境的选择和创设。一些教师比较倾向于选择与学生对坐或在并肩的空间环境中实现"拉近"，这类典型的环境有圆桌讨论室、学校的茶餐吧、校园小路或花园中。关于环境的创设还包括心理和文化层面，一些教师开展"以班为家"的文化建设也从总体氛围上构建了适合师生"拉近"的环境。

教师与学生交往距离的"远离"从根本上要求师生在交往中严格按照教师和学生的身份要求来行动，突出师生的不同身份是"远离"的实质。在这种方式中,突出师生的不同身份就是在交往中要对方更多地意识到"我就是老师"或"我就是学生"。在这个方面,"角色"及其相关的"身份""地位""权责"是非常关键的元素。在日常的做法中,教师与学生交往距离的"远离"主要是在各种活动交往中更为严格地遵守社会对师生身份的规范和理解,不透露个人的情感和想法。在这个意义上,这种"远离"就是师生"戴着面具"来交往。通过戴着教师和学生的面具,师生展示各自的身份、地位和权责,从而把内心的情感和观念掩饰起来。

(余清臣,北京师范大学教育基本理论研究院院长,教授)

3

遇到学生挑衅，怎么办

学生挑衅，背后根源其实并不复杂

"老师，我只想要公平！"

几年前，我新接九年级语文课。上课不满一月，小W就在课堂上故意制造不和谐声音，跟我唱反调。我瞪他，他毫不在意，还用胜利的微笑看着我，好像在说："你能拿我怎么样？"之后，类似的挑衅事件在小W身上发生如家常便饭，我瞪他、批评他甚至跟班主任反映，都无济于事。

临近中考的一天，课堂乱得没法上课，我很生气，就停止讲课，让学生自己复习。课后，班干部带着几个在课堂上捣乱的孩子来我办公室"负荆请罪"。说完之后，我让小W单独留下来。

"我知道你是个聪明的孩子，总能找到办法对付老师，你看，马上就要毕业了，你能真诚地跟老师说说，你为什么非要跟我作对吗？"我决定刨根问底。

"老师，对不起！"也许是我的诚意打动了他，他突然低下了头，"其实……其实我就是想让您没面子，因为是您先让我丢面子的……我只想要公平，所以……"

这个答案让我大吃一惊。追问之下，才知道原来是开学初，有一次我跟学生强调书写质量时，把小W写得像天书一样的作业和我上一年级的儿子工整的作业放在一起，在班上公开展示了一番。隐约记得当时大家哄堂大笑，而小W则把头深深地埋在臂弯里……

原来，小W只是在报复！他一系列的挑衅行为只是一个孩子在用他笨拙的办法挽回被老师伤害的自尊。后来，我读到美国心理学家与教育家简·尼尔森的《正面管教》，更明白了当年小W不断挑衅我的根源："我们老师总误以为学生在受到惩罚、挫败甚至屈辱后，才能改正错误，达到教师要求的目标。殊不知，这样的手段要么让孩子变得胆小退缩，自暴自弃，要么会激起青春期孩子的叛逆，引发他们跟老师来一场'权力之争'或是'报复循环'。"而小W正是后者。

我不禁深深后悔，为什么没在刚发现他故意挑衅时就真诚地与他沟通？好在面对小W的多次挑衅，我没有在课堂上跟他发生正面冲突，否则师生关系肯定会进一步恶化。

这件事给了我深刻的教训。之后，在多年的班主任工作中，我时时以此警醒自己，所幸再也没有出现过在课堂上直接挑衅我的孩子。我想，即便再次出现，我也一定能更妥善地处理，而不是留下一个永远的遗憾。

（马二兰，安徽省桐城市铁铺中学）

学生为何连续挑衅

一日放学时，我校某英语老师当着全班同学的面让一名学生留下来补课。可是她喊了好几声，该生始终无动于衷。见此情景，老师伸手去拽学生的书包，想把他拽到办公室去辅导，可该生一动不动，稳如泰山。这下老师火了，猛地提高音量并使劲将他拽到办公室。

到了办公室，不管老师如何训斥，该生始终面无表情、一言不发，一副"任尔风吹雨打，我自岿然不动"的神情。老师忍无可忍地大声说："我放弃休息时间帮你辅导，你还不好好学习！"谁知该生竟不慌不忙地说：

班级人际关系出现矛盾怎么办？

"是你自己要辅导的，关我什么事？"一听此言，老师的怒气更盛，咆哮着训斥道："我是为你好！你的成绩那么差，不晓得丑啊！我辅导你，你不晓得感激我，还和我对着干，你脑残啊！喊你家长来向我道歉，不道歉你就不要上课！"

见老师这样，该生又沉默了，两眼直勾勾地看着老师。此情此景让老师更加怒火万丈，她跳将起来不断地捋自己的袖子，在办公桌边踱来踱去。而学生又一次面无表情地说："你疯够了没有？别发神经了！我还要回家写语文作业，语文老师要我抄生字词。"此言一出，该老师的情绪彻底失控。她快步走到学生面前，抬手就是一巴掌。孩子被打后仍然面无表情，只是沉着冷静地说："老师你打我，就是体罚我，你必须向我道歉！你不道歉，我就去找校长。我又没犯错，你凭什么打我？"这下老师完全崩溃了，坐在椅子上，委屈得大声哭起来。见此情景，孩子也有些害怕了，赶忙说了一句"老师再见"，一溜烟儿地跑了。

事后我找这个学生谈话，了解缘由。原来，该生认为老师在全班同学面前留他补习，太没面子了，所以他故意气老师。其实他也明白老师的苦心，知道老师是为他好，可当时就是嫌老师烦，所以故意挑衅老师。我分析他是连续四次挑衅了老师：第一次，用行动挑衅——你拉我，我就不动，我用身体对抗你，我要让你生气，乱你阵脚；第二次，用语言挑衅——我又没让你辅导我，是你自己要辅导的，是你一厢情愿，关我什么事；第三次，从心理上挑衅老师——我不学你教的英语，你越辅导我越不学，我去学语文，我气死你；第四次，用法规挑衅老师——你打我就是体罚，我要找校长告你，让你倒霉，让你受批评，这样看你还怎么管我。

这件事使我想起了自己在家收黄豆的情景。我们不选择烈日当头的中午去收豆子，是因为此时只要一碰，豆荚就会炸裂，豆粒就会四处蹦射，无法收割，损失严重。我们一般选择有露水的清晨收割，因为露水让豆荚潮湿，豆子就不会爆开了。

同样是果实，如果收获的时机得当，就会满载而归，否则，到手的果实也会不翼而飞，劳而无获。班主任工作也是如此。面对学生挑衅时，把握好教育的时机和方法非常重要。"热事件，冷处理；急事件，缓处理"。也许就是停顿的那一小会儿，我们就能克制情绪，生出智慧，从而解决问题。

（戎庆华，江苏省南京市江宁区土桥中心小学）

面对挑衅，教师应遵循的处理原则

不小气、不任性、不纵容

作为一线老师，仅这一个学期，我就亲历了几次学生挑衅事件。第一次是因没收一个学生的零食，被学生在随笔中谩骂；第二次是训斥一名经常上课捣乱的学生，被其在作文中污辱；第三次是一名学生在期中考试中作弊被我抓到，学生在 QQ 上责怪我，认为我和他过不去。最终，自己较好地处理了这些挑衅事件。下面主要结合切身体会，谈谈在遭遇学生挑衅时教师应该遵循的原则。

遭遇学生挑衅，教师不可"小气"

学生公然顶撞甚至污辱老师，正常人都会生气。但生气时处理问题，容易因冲动而产生严重后果，所以教师一定要冷静、"不小气"。在以上几起事件中，我的第一反应是受到污辱与损害，越想越生气，恨不得马上抓住学生说个明白。但想到学生此刻也处在不冷静阶段，两个不冷静的人在一起处理问题，只会使结果越来越糟。所以我及时克制自己，几次深呼吸后，放松下来，思考原因。

班级人际关系出现矛盾怎么办？

教师的"不小气"还体现在不扩大、不公开上。教师不能像祥林嫂一样，逢人就说自己受到了委屈，在背后责怪学生。这样的方式，只会降低教师在学生中的威信。当然，面对这样的问题，教师要有足够强大的内心。如果内心不够强大，可以寻求心理支持，找到亲朋好友为自己提供心理上的帮助、开解。但千万不要动不动就请家长，甚至移交学校处理。要先让自己冷静下来，再和学生对话，建立沟通，取得互信，解决问题。

遭遇学生挑衅，教师不可任性

教师要明确，我们首要处理的不是学生，而是和学生之间的冲突。也就是说，我们先要搞清学生挑衅的原因。学生不会无缘无故辱骂老师，背后的原因可能是对老师有误解，也可能是老师的言行有失当的地方。弄清原因之后再解决学生对老师不敬的问题，给出训诫并正确引导。面对挑衅，教师切不可任性妄为，只为出一时之气而对学生动辄打骂，或丝毫不理会学生的内心需要而施以"冷暴力"，这样只会让师生不可挽回地走向对立面。

遭遇学生挑衅，教师不可纵容

作为老师，我们反思学生挑衅自己的原因后，要改变自己，给学生公平待遇。师生冲突中教师所表现出的宽容，不仅有助于师生之间互相谅解，更有助于获得学生的尊重。但宽容不等于纵容，并且不是所有的事件都可以通过宽容得到理解，不是所有的人都可以用爱来感化。所以，我们也要学会在师生冲突中保护自己。在如此复杂的社会环境之下，当教师无法用正常的方式解决问题时，要学会及时把问题上报，移交学校处理。无法承受的重担不要轻易承担，以免给自己造成更大的伤害。

（卜庆振，山东省泰安市东平县东平街道中学）

课堂上遭遇挑衅，请冷静

新学期开始，我的教学工作异常繁重，整个人感觉比较疲惫。但教学任务再重，时间再紧，也不能忽略对学生的关注。很快，我发现我教的高三班级中，女生 B 连续两周没交作业，而且我早上的课她也迟到两次。

我先向班长和课代表了解情况。他们告诉我，B 从高一起就打算出国，课内学习有些荒废。但高三时又突然决定不出国了，准备参加高考。由于之前落下的课程太多，现在她的学习压力很大。我决定尽快约 B 聊一下，以便帮助她。

然而，还没来得及找 B，事情就发生了。在我的一节化学课上，B 从上课开始就跟周围同学说话。我提醒大家注意听讲，但不到 5 分钟，她又开始找人说话。我直接点名说："B，注意认真听讲。"没想到她的反应非常激烈，眼睛一瞪，身体顺势往椅背上一靠，愤怒地说："喂，我怎么说话了？怎么就说上我了？"

我没料到一个女生会有这样的反应，也不希望刚接新班就遇到这样的挑衅。所以我当时真有些生气，感到作为老师，我的威严受到了极大挑战。但我极力克制住自己，不露出异样，同时飞快地在头脑中搜索必须平静下来的理由："我是成年人，是一位母亲，而她仅仅是个孩子。"我还想起一位同事说的话："如果老师和学生在课堂上产生了冲突，一定先是老师的问题。"这些话此时发挥了作用。

但是，我依然要表明我的态度，于是我温和而又坚定地对她说："上课一定要认真听讲，你说话会影响周围同学听课，有意见我们可以在课下交流。"所幸 B 没有再跟我对峙，可能她也意识到了对周围同学的影响。当然，即使她仍继续跟我对峙，我想我依然会坚持原则、态度温和地告诉她课后解决。然后，我若无其事地继续讲课，那节课我依然上得精彩，甚至在接下来的第二节课中，我一如既往地提问了她。

下课后，我没有立刻找她，我决定两天内如果她不来找我，我就找她谈谈，教她怎样做人，怎样在自己有情绪时，还心存几分理智，注意场合，拿捏分寸，懂得尊重别人。第二天，我依然若无其事地上课，依然找她回答问题。即使在她什么都答不上来时，我还是善意地跟她说："没关系，先请坐，我们来听听其他同学的想法。"但她还是没来找我，我内心仍期待她能主动找我。我在等待。

第三天中午，她终于出现在我的办公室，跟我说的第一句话是："老师，对不起！"我说："老师也正想找你谈呢！我早就从同学那里了解到你的情况，或许我可以帮助你。"接下来的谈话很顺畅。她是一个开朗、聪明的孩子，我根据她的情况，暂时降低了对她的作业要求。当然，最重要的是，我用之前课堂上发生的事情教育了她，告诉她应该如何尊重别人，应该如何在一个集体中不妨碍别人。她欣然接受。

面对学生"挑衅"，教师的处理方式在一定程度上是其学生观的体现。如果问我学生对我来说是什么样的存在，我的答案是：学生是我的孩子——不管从年龄还是从我对学生的爱来说，他们就是孩子，我不能跟他们一般见识；学生是我共同成长的伙伴——我就是在学生的一次次"挑衅或挑战"中增长了教育智慧；学生是我的导师——确实有一些孩子身上有值得我们学习和借鉴的方面，我们在共处中可以相互学习。我想，如果老师们秉持这样的学生观，在遇到学生"挑衅"时，就能多一点从容与平和。

然而，秉持这样的学生观，并不代表面对挑衅时我们就要放下作为老师的尊严。不管在什么样的场合下，老师都应该对学生不恰当的行为进行教育和引导。只是在具体操作上，我们应该注意：原则是坚定的，态度可以是温和或威严的，但行为一定是成全的——成全师生在事件中的体面，共同成长，因为我们都爱这些孩子。没有爱就没有教育。

（高杰，北京市第四中学）

用我的学识征服你

9月初,我接手了一个高一新班,班上有个留级生,因为迟到、早退等不良习惯被我批评过。

9月中旬,一次语文课上,我给学生讲因假借而形成通假字的知识,并引导学生通过相关阅读了解汉字的构造、领略汉字之美时,那个学生突然高声提问:"老师,《水浒传》中的'浒'字是什么意思?"教室里顿时鸦雀无声,所有学生都看着我,显然这个问题引起了全体学生的关注,他们也都好奇我这个刚教他们半个月的老师会怎么应对。看到同学们的反应,那个学生笑眯眯的,特意起立,与我对视着。

我知道这个学生是故意选在还有半节课的时间突然发难的。于是我微笑着说:"首先我要表扬你,'水浒'的'浒'字没有念错,昨天我还听到有同学念成了'许'。"然后我用眼光扫遍教室,扬声问:"同学们,有人注意过这个字吗?有人查过这个字是什么意思吗?"学生大多摇头,有的在窃窃私语,没有一个人站出来。

这时,那个学生又以轻蔑的口吻,高声地问:"老师,你需不需要'度娘'?"(指"百度"搜索网站——编者注)其他学生哄堂大笑。

我一挥手,很潇洒地告诉他:"不用!"

"那你倒是告诉我,这个字是什么意思啊!"他随意地转动着手里的笔。

"我之所以这样询问大家,是想明确一个问题——你是不是咱们班上最有心的同学?'水浒'这个词,相信同学们都不陌生,有的同学在小学阶段就已经知道了,可是没有一个人提出质疑。从这个角度说,你是咱们班最有心的同学,能于平凡、普通、常见中发现问题、思考问题,并勇于提问,而且是当着全班同学的面提问,这种质疑精神值得学习。"

那个学生听完后得意地对同学们抱了抱拳。

我接着说:"同时你也是咱们班比较无心的同学。你明明知道可以用

'度娘'，明明有捷径，却把简单的问题复杂化。"

瞬间，那个学生有些气急败坏："老师，你到底知不知道？你要是不知道就直说，我用'度娘'告诉大家。"其他学生也开始议论纷纷。

这次我没有安抚他，而是严肃地看着他，慢条斯理地说："仔细听着！"一句话让全班学生再一次安静下来。

"'浒'显然是个形声字。'三点水'表示这个字跟水有关，'许'表示读音。'浒'的前面是'水'字，显然'浒'不再是水的意思而是和水有关的意思，再联系《水浒传》讲的是梁山泊一百零八将的故事，以及古人喜欢用人名或地名来命名某些传记的习惯，由此推断，'浒'意指水边的一块陆地。我说清楚了吗？"随着我的讲解，那个学生满脸不屑的神色渐渐变得凝重，眼睛盯着我一眨不眨，连手里转着玩的笔掉落了也没发觉。

看来，他之前已经查过资料，是有准备的来挑衅的。我故意略作停顿后接着说："对不起，我背不下来字典上的释义，但是我可以根据我掌握的知识来推断其意义。不知道这样的解释与回答你是否满意？"

在同学们的议论声中，那个学生由衷地说："您神了！佩服！"然后自觉地坐下了。我注意到他的话语中用的是"您"而不是先前的"你"。

从此这个学生对我言听计从，迟到、早退的现象也慢慢减少，上课的状态也越来越好。同时这个班学生的思维也越来越活跃，学习积极主动，善于思考，善于提问，敢于"挑衅"，却也越来越尊重我、敬佩我。他们的"挑衅"也促使我坚持学习、不断进步。

会挑衅老师的学生大都是个性鲜明、思维活跃的学生，所以面对他们的挑衅，老师一定不能急躁，不能因为学生存心刁难就失去自己的风度。老师要坚持终身学习，了解各个时期学生的心理特点，提升自己的专业素养，在面对学生挑衅时，要以平和的心态对待他们，以赏识的眼光肯定他们，以平等对话的方式引导他们，以自己的学识涵养征服他们！

（袁丽霞，中国音乐学院附中）

背地里遭遇挑衅，要智慧

我正在上数学课，突然发现小王没听讲，而是偷偷地趴在桌子上写着什么。我轻轻走过去想看他到底在写什么，结果他先是遮遮掩掩，后来干脆把手里的纸往我面前一推，充满挑衅地说："你看吧，我要向校长投诉你！"全班哗然，我也愣住了。过了好一会儿，我才缓过神来，匆匆看了一眼投诉信，然后对小王说："我可以在课间认真读一下你的信吗？"小王以为我会大发雷霆，没想到我却是这样的态度，便错愕地点点头。"好，那你中午来找我一下，现在我们继续上课。"我回到讲台，把投诉信夹到教科书里，若无其事地继续讲解。

下课回到办公室，我打开了投诉信。

尊敬的校长：

您好！

我是高一年级八班的王某某，我要向您投诉我们的班主任老师。理由如下：1.老师占用我的课余时间，每次中午放学后他总是让我留下来做数学题。2.老师很霸道，下午第三节课上数学辅导课时，他不让我们做其他学科的作业，只能做数学作业。3.老师太严厉，经常批评我。4.老师烦，每天都留很多课外作业，就是去医院打吊针，事后也要把作业补上。烦、烦、烦！先投诉这些吧，希望校长好好处分、批评他。

看到这里，我既好笑又伤心。小王父母开了家超市，平时忙于做生意，很少管他。小王学习很不主动，中午别的学生都回家吃饭，小王却只在学校附近的摊点随便吃点儿就到网吧打游戏。我知道后，就让他吃完饭到办公室来做作业，还经常指导他，没想到，这竟然成了他投诉我的理由。怎么办？我想了又想。小王学习基础不好，又没有好的学习习惯。这回我一

班级人际关系出现矛盾怎么办？

定要想个办法好好教育他。

中午，小王来到办公室。我和蔼地对他说："你的投诉信我认真看了，字写得不错。受你的启发，我也写了一封投诉信，请你过目。"他有些吃惊地看了看我，犹豫了一会儿，接过我写的投诉信。

尊敬的校长：

我投诉我们班的王某某。投诉理由：1. 该生很少完成作业，例如今年"十一"假期，语、数、外三科作业均一字未写。这严重违反了学生守则。2. 该生经常中午到校外网吧打游戏，为了教育他，多次耽误了我中午休息。3. 他的投诉书是在数学课上写的，这严重违反了课堂纪律。4. 该生经常惹我生气，迫使我不得不惩罚他，超出了我正常的工作量，造成了精神损失。鉴于以上理由，我要求学校给予该生纪律处分，并要求家长赔偿我的时间损失和精神损失。

小王看完信，竟一语不发。我走过去，对他说："我建议把这两份投诉书一起交给校长，让校长来处理，这样比较公平。你觉得呢？"小王还是不说话，显然他并不想这么做。于是我接着说："还有一个办法，就是我俩都改正自己让对方不满意的地方。我可以让你中午自由活动，也可以不批评你，但你必须写作业。开始可以少写些，但两个月内，就要跟上同学们，你看如何？"这个时候，小王就算心里不愿意也只好点头了。

为了更好地约束小王的行为，我和他签订了一份协议，并和他父母进行了沟通，请他们在家里多抽出一些时间陪他。我也根据小王的实际学习情况和他一起制订了一个进步计划。在征得小王本人同意后，每天放学后，小王先到我这里做半小时功课再回家，有什么问题我给他讲解。有时，小王作业做完了，我还和他一起下下象棋。渐渐地，小王的学习成绩有了起色，学习的主动性也越来越高了。

直到今天，那封投诉信也没有交给校长，它就放在我的抽屉里，我不时拿出来看看。这封信让我久久不能忘怀，它时刻提醒着我，让我慢慢回味……

（张刚，安徽省宿州市埇桥区祁县中学）

一封匿名信

10年前，我担任高一（4）班的班主任。3月的一天，我在班主任信箱里发现了一封匿名信，信的内容是这样的：

你的教学方式真是太有问题了，管理方法也太滥（烂）了！我只想说两个字——"嫩啊！"不要以为严格就是好的。对于现在的我们，这样只能势（适）得其反！上次期末考，你把高一段政治成绩教成这样，就是很好的例子。你的方法在30年代或许有用，但对于现在这个时代，只能越管越坏。我想对你说："你过时了。"你应该学习语文老师。你不要再害我们了。

下岗吧！

第一次读这封匿名信，我既生气又伤心。想想自己全身心地付出，却遭到学生如此批评，心里很委屈。我一遍又一遍地读着这封学生来信，情绪慢慢平静下来，我开始思考对策。

三天后的晚自习，我给全班学生读了那封匿名信。读完信后，我说："同学们，听了这封匿名信，你们有什么感受？在这里，我想当着大家的面，对这封匿名信做出回应。说实话，读着这封匿名信，我的第一感觉是震惊——第一次有学生如此毫不留情地批评我。在震惊的同时，我又感到高兴：第一，写匿名信的同学很有胆量，很有勇气，能够如此毫不留情地批评我。此外，我还为他具有很强的自我保护意识感到高兴，他在写匿名信时，还改变了笔迹。第二，在这位同学眼里，天底下也有好老师，语文老师就是他比较欣赏的。作为刘老师的同事、老同学，我为刘老师感到高兴。第三，这位同学并没有完全否定我，说我的教学方法在30年代或许有用。在这里，我只能用阿Q的精神胜利法聊以自慰。第四，这位同学能够给我写匿名信，说明他还是关心我的。如果他不关心我，就会对我不理不睬，根本不在乎我怎么样。所谓'爱之深，责之切'嘛。也许他早就告到校长那里了。"

我停顿一下，话锋一转："但他说我在害学生，我感到很委屈。要我下岗，我更感觉不可思议。虽然我已经连续三年被评为校级优秀班主任、师德标兵，也曾经被评为瑞安市优秀班主任，但我从来没有以一个优秀班主任自居。虽然我并不优秀，但我至少是个合格的教师。我永远不会害自己的学生，过去没有，现在没有，将来也不会。我一直凭良心从事教育教学工作，我深深热爱教育事业和我的学生，怎么会去害自己的学生呢？"

在我说话时，一些学生在下面为我打抱不平。

我让学生安静下来后，又说："也许这位同学并不想伤害我，只是表达方式不恰当而已。说实在的，我还是很感谢这位同学的，因为他的这封信让我警醒，我可能在某些方面确实做得不够好，让这位同学心生误会。我一定会好好反思自己，有则改之，无则加勉。我依然欢迎同学们给我提批评意见，因为你们的批评能让我认识到自己的错误和缺点，能使我不断进步和发展。也许你们的批评会在无意中伤害我，但只要是诚心诚意的，出发点是善意的，我都不会介意，我都会虚心接受的。谢谢！"

教室里响起了热烈的掌声……

下课后，不少学生通过各种方式对我表示支持和安慰，让我心里顿觉温暖无比。有了学生的理解，即使再大的委屈，我都能承受。虽然那封匿名信对我打击挺大，但我更愿意用积极、乐观的心态去看待。我想，只要我真诚地对待学生，只要我是以自己的良心去从事教育事业，没有什么流言蜚语、诽谤诋毁能够改变我在大部分学生中的形象；没有谁、没有什么困难能够阻止我前进的步伐。

又过了两个星期，我在批改周记时，发现 J 在周记上承认那封匿名信是他和 W 写的。这很出乎我的意料，我当即留言和他进行了沟通。我想，J 主动向我承认，是因为我的宽容，我的宽容反而让他不知所措，他不承认错误，心里反而会难受。当然，在这件事上，其实我还可以顺着写匿名信的学生的思路，广开言路，在班级里组织一次给我提意见和建议的活动。这样，对我的教育教学工作应该是更有帮助的。

（孙有新，浙江省瑞安市第五中学）

有安全感的教育才会有效

刚毕业任教第一年，学校安排我担任五年级某班班主任。第一天上课，我穿着漂亮的裙子，踩着高跟鞋，来到教学楼二层，发现班级后门、窗户关得严严实实的。透过玻璃，我看到学生安静地坐着，心里一阵窃喜。

我激动地走到教室前门，用力推开，门上突然掉下一根长长的东西，我定睛一看，一条颜色发亮的"青竹蛇"正在艰难地挪动身子，"妈呀！"我吓得跳到讲桌旁的椅子上，几乎同时，教室里发出一阵狂笑。再仔细看我才发现，"青竹蛇"只是一个仿真玩具。我从椅子上跳下来，看着笑得前俯后仰的学生，怒火中烧，拉下脸，大吼一声："还笑，给我安静！"没想到学生笑得更厉害了。我气急败坏地拿起讲桌上的直尺使劲拍，没想到竟打翻了粉笔盒，"哎呀！"我又是一声大叫，因为从粉笔盒里跳出一只小老鼠。此时，全班学生沸腾了，在尖叫声中，小老鼠吓得到处乱窜，不少胆小的女生都跳到椅子上，还好小老鼠从门缝中溜了出去。

好一会儿，我才定下神来：这些小家伙，第一天就设下重重机关，给我来个"下马威"，让我"步步惊心"。一定得好好教训他们，绝不手软！

班级人际关系出现矛盾怎么办？

想到这，我放出狠话："今天，你们如果不说出是谁搞的恶作剧，我跟你们没完！一句话：坦白从宽，抗拒从严！"最终，在"叛徒"的主动揭发下，捣蛋鬼现形。之前好心的老师曾提醒我的话在耳边出现——"打手心还是比较有用的"。于是我大开"杀戒"，捣蛋鬼被我打得哇哇直叫，还连连发誓："老师，我再也不敢了……"

下课后，我狼狈地逃离了教室，躲在办公室里，捂着发痛的心窝，欲哭无泪。我怎么就情绪失控了？我怎么就不能机智地处理好这样的意外？面对这群孩子，我该用什么方式管理他们，用什么办法让他们接受我、喜欢我？我是当监督者还是当可敬可爱的"孩子王"？我该怎么办？我靠在椅子上，想了很多很多。

第二天一大早，我来到班级，动手整理好教室，然后站在教室门口微笑地等待孩子们。不一会儿，孩子们陆续走进教室，安静地坐在座位上。

我继续微笑着，静静看着面面相觑的孩子们，说："同学们，你们昨天精心准备的新班主任'欢迎仪式'特别'与众不同'。"这时，不少学生不好意思地低下了头，我接着说道："这个'仪式'让我大吃一惊，一时半会儿没办法接受，导致了情绪失控，让你们看到我气急败坏的样子。可以想象我当时的样子一定很恐怖，实在很抱歉，让你们受到了惊吓。同学们能否原谅我昨天的行为？"

不知是谁带头鼓起掌来，教室里的掌声越来越响。

"谢谢孩子们，谢谢你们的掌声。我犯了错误，理应受到惩罚。"我刚想接着说下去，"嗖"的一声，一名高个子男生站起来，说："老师，我们做得很离谱，我们错了，相互抵消好吗？况且我们都没听说过老师犯了错还要受惩罚。"

我走上前去握住他的手，说："谢谢你的宽容。能告诉我你的名字吗？"

"小锋。"

"老师想知道，你们为什么要准备这样的'欢迎仪式'？能说说你们当时的想法吗？"

"我们听说，学校给我们安排了一位很年轻的女班主任，我们就想试试您的胆量。"小锋不好意思地说。

"真遗憾，我没有通过你们的考验，"教室里响起了笑声，"原来事情不是我想象中的那样糟糕。孩子们，那我更应该受到惩罚。"

学生沸腾了，纷纷嚷着："老师，老师，不用，不用啦！"

我示意大家安静："同学们，此时的我心里很温暖。不过，我坚持接受惩罚。因为我犯了错，作为老师，要以身作则。"学生都目瞪口呆地看着我。

"你们给了我一个特别的'欢迎仪式'，我没有通过考验。那么我就来个特别的惩罚——为同学们表演五个节目，分五天完成。"话音刚落，教室里又响起了阵阵掌声。

接下来的五天，"惩罚"依次亮相了，我利用特长，送给孩子们一个又一个惊喜：用电子琴演奏一首曲子，用手风琴边弹边唱《中国少年先锋队队歌》，用竖笛吹奏《小小少年》，在黑板上用粉笔勾勒出一个个可爱的小动物，给孩子讲让人捧腹大笑的故事……。渐渐地，孩子们的眼里流露出了对我的钦佩。

"惩罚"过后，我"趁热打铁"，为了让孩子们约束自己的行为，我与他们一起交流并拟定了可行的班规。此外，我利用空闲时间到班里的"八大金刚"家中家访，在家访中听到这些学生不为人知的感人或辛酸的故事，发现了学生在家懂事的一面，也了解了一些农村家庭的教育现状。之后，我在班级开展"大手拉小手"活动，小组组员之间互相监督、约束并彼此帮助，温暖孩子们的心。慢慢地，班级不再"狼烟四起"。

面对学生的故意挑衅，教师不要一味训斥、罚站、打骂，这样没有安全感的教育不会有效。我们应该"蹲下来看看孩子的世界"，以关爱学生的态度教育学生，这样的教育才有安全感。有安全感的教育才会有效，学生才会有进步的决心和行动。

（张惠英，福建省上杭县实验小学）

班级人际关系出现矛盾怎么办？

专家视点

冷静理性地应对学生挑衅

遇到学生挑衅，我想可以考虑和选择如下处理方式。

 冷静

遇到学生挑衅，现实中教师的行动大多是应激的。应激的行动可能是机智而有效的，但这样的机智不仅需要实践经验支撑，而且需要机敏的情境判断、情境辨别和行动选择能力。没有这样的基础，大多应激行动缺乏专业技术含量，其结果常常是两败俱伤、事后后悔。从这个意义上说，急中生智大多是美丽的谎言。

有一种情况除外，那就是如果不及时反应，可能导致伤害扩大、冲突加剧，这时就需要当机立断。除此以外，面对挑衅，教师应避免采取应激的方式，而要马上冷静下来，慢下来。慢下来的时间"留白"，既给挑衅者留下情绪缓冲和认知反省时间，也为自己留下搜索既有经验、寻找应对策略的时间。从这个意义上看，冷静本身就是教育实践的一种智慧，这种智慧就是控制住自己即时反应的冲动，在有所思考、有所准备以后再采取行动。

二 装糊涂或澄清

如果学生的挑衅是隐秘的，教师的一种选择是装糊涂不计较。我曾经

有过这样的选择：在一次给初中学生上课时，我背着手在教室过道中讲解，手上突然感到一阵刺痛，下意识地一抖，转身看到一个泥蜂在地上爬动。几乎可以肯定的是身后学生捉泥蜂蜇了我。怎么办？快速转动脑子，觉得还是装作不知为妙：一方面，过道两边都有学生，我不知道被谁作弄了，找不到始作俑者；另一方面，作为老师，被学生用泥蜂蜇，终究不是一件光彩的事，就不要让其他学生知道也来仿效了。所以，我最后的选择是忍，只用责备的眼神盯了一下可疑的学生，然后若无其事地继续上课。

如果学生的挑衅是公开的，从教育其他学生的目的出发，教师应该有所作为。但在有所作为之前，教师先要审视一下"学生在挑衅"的判断是不是误判。一位初中政治教师曾对我说：课堂上正当他旁征博引、神采飞扬地陶醉于课堂教学时，突然听到了一个学生的声音"我看你懂得还卵多呢"。老师的教学不仅被打断，而且和"卵"字（当地方言中，"卵"也指男性生殖器）连在一起。他感到自己受到侮辱，就对学生一顿臭骂，课堂上师生不欢而散，后来二人之间的关系越闹越僵。我以为，这位老师对学生的话存在误判，因为在当地，"卵"也常常用作口头禅，口头禅中的字很多时候无实际意义，学生的意思可能就是"老师你懂得真多"。明明在称赞老师，老师却理解为是在侮辱自己、挑衅自己，因而对学生批评责骂，学生自然感到委屈，生出怨恨。

了解自己是否误判的一种有效方式是询问，我们可以问一问"挑衅者"："你是不是在骂我？""是不是想挑衅老师？""你觉得必须采取这样的方式吗？"这样的询问不仅可以避免误判，而且可以使学生冷静下来，认识和澄清他们行为的目的与价值，反思自己的态度和举动。这是引导学生进行价值澄清的一种教育方式。

什么是价值澄清呢？价值澄清学派的领军人物路易斯·拉思斯在《价值与教学》序言中写过他儿时的一个故事，故事的大意是：72年前，作者是一个6岁的小男孩，因养成咬衬衫袖子的坏习惯，被一年级老师在数个场合告知不要这样做，但没有效果。二年级时，他遇到了一位叫卡罗瑟斯的新老师。一有自由时间，他就咬衬衫。卡罗瑟斯老师注意到了这一点。

一天，她来到路易斯的课桌边，俯身靠近他说："路易斯，这是你最喜欢的姿势，是吗？"在接下去的一周里，路易斯戒除了这一习惯，不再咬袖子了。

卡罗瑟斯老师用"这是你最喜欢的姿势，是吗"的询问使路易斯审视自己为什么要这样做，是不是应该继续这样的行为，审视的结果是改掉没有任何意义的行为。我们可以用"你是不是想挑衅老师""你觉得必须采取这样的方式来解决这样的问题吗"等提问，一方面给学生找个台阶下，另一方面促使学生对自己的行为进行价值反思。价值反思带来自我教育，在深思熟虑之后，学生变得理性，就可能调整和改变行动，从而大事化小，小事化了。

三 克制

如果我们问学生"你是不是在挑衅老师"，学生的回答是肯定的，怎么办？我以为还是要克制。从动机上看，学生挑衅你就是要激起你的愤怒，你不加克制的处理方式岂不正好上了他的当？此时，不冲动才是聪明的做法。

从冲动的结果看，无论是带来伤害引起纠纷甚至对簿公堂，对教师而言都是很不利的。因为从年龄上看，你是成年人，学生是未成年人，大人怎么能和孩子计较？从身份上看，你是老师，他是学生，你可以要求学生尊重老师，但学生尊重老师、尊重他人的言行还是需要你的教育和引导，你为什么不先教育和引导他呢？这种年龄、身份的差异告诉我们，遇到学生挑衅，老师必须选择克制，只能选择克制，最好选择克制。

当然，闹到对簿公堂的毕竟是少数。学生可能对老师的冲动行为被迫忍受，但这种被迫可能留下阴影，韩国电影《老师的恩惠》讲述的就是这样的故事。另外，老师不加克制地说一些过头的话，做一些冲动的事，让学生因此抬不起头，或者因此而转学、失学，他们的人生由此变得暗淡无光，这也会在有良知的老师心中留下终生抹不去的阴影和遗憾。

四 以非对抗方式引导

面对学生"我就是在骂你,我就是要骂你"的挑衅时,我们可以采取这样的方式应对:"老师不知道什么地方伤害了你,以致你要采取这种方式对待老师。我希望你跟老师说说,如果老师错了,我会向你道歉。不过,人和人之间应该相互尊重,应该采取文明和有效的方式表达自己的意见。今天你在这样的场合、以这样的方式对待教你的老师,老师觉得很不妥,同学们可能也有这样的判断。就这一点看,老师很为你感到遗憾。"

如何引导呢?美国电影《超脱》中有这样一个片段,我们教师可以从中获得一些应对与化解挑衅的借鉴:

亨利·巴赫特是社区学校的代课老师,第一次上课,学生马库斯就用脏话羞辱他,但他没有反应。马库斯又羞辱了胖女孩梅丽迪斯,亨利将马库斯赶出教室。(借鉴:老师在面对学生的挑衅时,应该有所克制;但在遇到学生之间的欺负和侮辱事件时,一定要站出来主持公道,对侮辱和欺负同学的行为予以惩戒。)

亨利随后开始布置课堂小作业——写一篇小作文。在亨利开始讲作文要求时,学生杰瑞因为没有纸笔而插嘴,话语中带有大量脏字,可亨利毫无反应,一直讲完自己要说的话。(借鉴:在遇到挑衅时,老师先不要管,避其锋芒是一种应对策略。)

杰瑞气急败坏地冲到讲台前,抓起亨利的公文包砸向门口。这时,亨利说道:"那个包,没有任何感觉,它是空的,我也不会被你伤害。"(借鉴:告诉学生"你这样做没有用""我不会因为你的举动受到伤害",这有可能让学生意识到这样的挑衅没有价值,因而不再采取这样的挑衅行为。)

"我明白你现在很愤怒,我以前脾气也很爆。"(借鉴:传递理解和接纳,"我和你一样,我能体会你的感情,我是接受你的"。因为我也曾这样,所以我会原谅你的挑衅,这可以让学生不因为紧张而变本加厉地对抗。)

"我明白,你没有理由生我的气,因为我是极少数给你提供机会的人之

班级人际关系出现矛盾怎么办？

一，现在愿意帮助你的人已经不多了。"（借鉴：要学生明白"你要理解我的善意，你要知道我是来帮助你的。为了你自己，你应该接受我，你也应该接纳我，支持我"。）

在这个过程中，杰瑞慢慢平息了自己的情绪，接过亨利给他的纸和笔回到座位开始写作。

下课了，梅丽迪斯问亨利为什么只让马库斯出去而不让杰瑞出去，亨利说可以容忍学生侮辱自己，但不允许他侮辱自己的学生。梅丽迪斯又问他："你真的不介意他们对你出言不逊吗？""可能我已经习惯了吧……"亨利说道。（借鉴：**教师的成熟伴随着委屈，经历学生挑衅事件也能帮助教师成长。**）

五、将经历转化为经验

应对挑衅，处理成功也好，失败也罢，事后我们都应该进行检讨和审视，将经历转化为经验。对于经验，杜威曾经说："一个孩子仅仅把手指伸进火焰，这还不是经验；当这个行动和他遭受的疼痛联系起来的时候，才是经验。从此以后，他知道手指伸进火焰意味着灼伤。"[1] "手伸进火里"的行动和"手被火烫伤"的结果，只是经历，将经历转化为经验需要发现进而认识到行动和行动结果的联系。获得经验的目的是什么？是用经验规划和指导未来。杜威还说："'从经验中学习'，就是在我们对事物有所作为和我们所享的快乐或所受的痛苦这一结果之间，建立前前后后的联结。"[2] 所谓前前后后，意味着经验联结着过去、现在和未来。以应对挑衅为例："过去"意味着应对已经结束了，事情已经过去了；"现在"意味着要审视应对行为的合理性和有效性，从中获得应对的经验和教训；"未来"意味着要用现在所获得的经验指导未来的行动，规划以后再遇到类似事件时自己合理的应

---

[1] 杜威.民主主义与教育[M].2版.王承绪，译.北京：人民教育出版社，2001：153.
[2] 同[1]：154.

对方式。

刚参加工作时，我有过这样一次经历：冬天早上，学生向我报告寝室被盗，我不敢怠慢，立刻到学生宿舍了解损失情况，安慰丢东西的学生，询问相关人员，进行调查分析，忙了一个小时。回到自己寝室，端上早饭正要吃，分管学生工作的副校长走进来，开口就是："今天早上有几个学生发现自己的饭盒忘带了，你知道吗？"不等我解释，他又急急地提出要求："还不快到学生食堂去！"我满腹委屈。刚走进食堂，就听到一个学生和同学说"陈大伟……"，言语甚是不逊。我顿时气不打一处来，顺手就给了他一下，把学生打出了鼻血。平时也常遇到学生不敬，这次为什么如此冲动？想一想主要还是当时自己心里有气，便把气撒到挑事的学生身上了。反思过后就有了这样的经验：情绪不好时更要冷静处理学生的挑衅，要尽量避免迁怒于学生。

（陈大伟，成都大学教育科学学院教授）

4

学生之间出现歧视行为，怎么办

探究成因：复杂心理致使歧视滋生

导致歧视行为的心理背景

由于家庭背景、身体素质、性格特征等方面存在差别，学生之间有时会出现歧视行为，如排斥、嘲笑、捉弄甚至人身攻击，等等。从社会心理学角度分析，歧视行为的出现与个人心理密切相关。是什么样的心理导致歧视行为的出现，它们又是怎样形成的呢？我们可以从四个方面进行理解。

反感情绪

当一个学生的言行、表现引起周围同学反感时，该学生就有可能遭到不同程度的歧视。例如，有学生不讲卫生，身上散发难闻气味，周围的同学难以忍受，给他提意见，他既不接受也不改变，大家就会排斥他。有人在私下里议论纷纷，有人给他起外号，有人捉弄他……，这种歧视现象就是由最初的反感情绪发展而成的。学生对不喜欢的同学，不知道如何处理对其的负面情绪，造成了歧视行为的出现。如果条件不具备，则反感情绪不会升级为歧视行为，但它会潜伏下来形成隐患，伺机待发。

认知偏差

有的歧视行为是某些学生受到其他同学的影响进而在认知上产生偏差而出现的。例如，一名女班干部因处理问题不当而与两名男生发生矛盾，男生课下便聚在一起议论她，并给她起了侮辱性的外号。一个不明真相的学生听到后竟然在班上公然大声喊出该女生的外号，给她造成很大伤害。这名男生的歧视行为就是由于认知上出现了问题，人云亦云，只图一时痛快而伤害了同学。歧视行为容易从小团体中产生，它和群体认同、归属感有关，不正确的观点容易相互影响，不可小觑。

价值观偏差

在学生成长过程中，环境的影响是非常重要的。很多观念的形成都可以追溯至家庭成员、朋友、老师那里，错误的价值观一旦被接受，将会长时间贮存在学生心里。例如，有一个富裕家庭的家长瞧不起家境不好的邻居，于是孩子也受到了影响，在学校经常与同伴一起嘲笑那些贫穷的或有缺陷的同学。由于这个孩子在家庭教育中没有形成同情、爱护弱者的观念，更不懂得尊重别人也是尊重自己的道理，久而久之，便形成了错误的价值观。

自我防卫偏差

人们常说："怀有偏见的人往往是心理不健康的。"这些人为了寻求心理上的平衡，有时会选择通过贬损对方来保护自己。例如，有个班级学习风气不好，竟出现谁努力学习就嘲笑谁的怪现象。而这种现象产生的原因是一些不爱学习的学生出于自我保护的心理故意嘲笑学习好的学生。此外，个别学生受到其他同学的欺负，为了心理平衡，又去欺负比他弱小的同学。这也是典型的自我防卫。

因此，学生间如果出现了歧视行为，我们不妨从心理学角度分析、查找原因，再有的放矢地对歧视者和被歧视者实施教育引导。

（杨越涛，河北省沧州市渤海新区中捷产业园区高级中学）

解决策略一：身体力行，师者先做表率

当学生遭遇方言歧视后

临近考试，我正带着学生一起复习。

"《春夜喜雨》的作者是谁？"我问道。哗啦一声，台下举手一片，只有小勇低着头没举手。"小勇，你来回答。"听到我叫他的名字，小勇显得有些惊慌，赶紧站起来说："豆腐。"我扑哧笑了："豆腐，还豆浆呢！"学生哄堂大笑。

"老师，他说的是方言，普通话不标准，应该是杜甫！"有学生解释道。

我恍然大悟，小勇刚从湖北老家转学过来，普通话里夹杂着方言。于是，我深表歉意地说："小勇，不好意思，老师没听懂你的乡音，不是故意笑话你的！"……

本以为事情就此作罢，没想到下课后，我刚走进办公室，班长便惊慌地跑过来对我说："小勇把小刚打出血了！"我赶忙跑过去，只见二人在地上滚作一团，我立即上前把他们分开。将小刚送到医务室后，我气冲冲地拉着小勇来到办公室。

小勇哭丧着脸道出了实情。原来，同学们下课后还在取笑他，有的还故意学他说方言。尤其是小刚，甚至还说他的方言难听，土得掉渣。小勇觉得受到了歧视和羞辱，一气之下就和小刚打了起来。

弄清事情的来龙去脉后，我不禁内疚起来。归根结底，是由于我在课堂上没有了解情况，嘲笑了小勇而导致后面问题的出现。于是我找来小刚，经过一番劝导，两个孩子互相道了歉。

他俩走后，我反思着自己的教育行为：农民工子弟学校的孩子来自五湖四海，其语言文化、风俗习惯、性格特征等有明显的差异，对此，大家如果缺乏理解和包容，就会产生误会、歧视，甚至冲突。为了及时修正我的错误，避免学生再出现类似的问题，我决定在下午的活动课上，和学生一起秀秀自己家乡的方言。

活动课上，我深情地说："其实，潘老师也是湖北人，和小勇还是老乡呢，有时候也会将'杜甫'念成'豆腐'。"学生听后都笑了。

"大家来自不同的地域，都有自己的语言，其实方言也是一种文化，是我们的根，值得我们珍惜、尊重，不应该歧视。我们今天都来说说自己的家乡话，好吗？""好啊！"学生答得异口同声。

我首先抛砖引玉："在你们家乡，人们见面时如何打招呼呢？"

"你吃饭了吗？"学生一致回答。

广东的小刚抢先说道："食咗饭未……食哩饭了么？"说完还扮了个鬼脸，惹得大家笑声不断。

贵州的小刘接过话头："你吃饭不逮？""你恰饭末？"江西的小王开了口。福建的小吴说："汝食罢未？"陕西的小张说："吃咧么？"四川的小赵说："你吃饭唠没得？"山东的小虎说："你吃饭了吗？"……听到不同的方言，大家都笑得前仰后合，掌声一片。

这时，机灵鬼小浩说道："老师，您这个湖北人还没说呢！"我想了想，然后说："你七饭打冇有（你吃饭了吗）？"学生哈哈大笑。

我还用方言朗诵了诗歌，然后让学生夸夸自己的家乡，说说家乡的风土人情。最后，我总结道："方言也是大家的母语，是最贴近生活的文化……。其实，在我们国家，还有很多不同地域的文化，比方风俗礼仪、饮食文化、生活习惯、文学艺术、建筑等，它们都有着很大的差异，但正是这些差异使我们的社会和生活变得多姿多彩。各种文化之间需要相互交融，我们要彼此理解、尊重、分享，这样才能促进社会的和谐发展。你们说是不是？"

"是！"学生的回答震耳欲聋。

（潘昕光，广东省深圳市坪山新区博明学校）

解决策略二：提前预案，防歧视于未然

与 爱 同 行

本学期，小怡转学来到我的班。初次见面，她发出一声模糊不清的"老师好"后，口水就直接从嘴巴流到胸口了。见此情况，我赶紧把小怡和她的父母请到校园安静处单独谈话。经了解，小怡因患脑积水，行动和语言都有障碍。我告诉家长，小怡的这种情况，单靠某个老师的力量是难以处理的，必须家长和老师合力，一起教育。我说："为了保护孩子，今天由我先做好任课老师的思想工作，明天再让同学们真正认识小怡吧！"家长见我态度真诚，接受了我的建议，并向我介绍了小怡常出现的一些情况。

当天我就召集本班所有任课老师一起开会，向他们介绍了小怡的情况，并请他们在面对小怡时，要严爱相容；在她出现又叫又跳、间歇性大笑等情况时，要如何应对。同事们都表示同意和支持。

第二天一早，小怡来到教室后，我立刻向全体学生介绍了她，并委婉地告诉大家小怡行为上有些问题，有时控制不了身体，需要大家的帮助。接着，我跟孩子们说："小怡会经常控制不住自己离开座位，你们发现了，

就举手告诉老师，大家一起帮助她，好吗？""好！"课室里响起脆亮的回答。

小怡听后，高兴得直流口水。学生初次看到，大叫起来："流口水啦！"我平静地说："这是小怡感谢大家的一种表现。如果大家以后看见这种情况，该怎样做呢？""离她远点。"我摇摇头。"报告老师。"我又摇摇头。"帮她擦擦！""还有别的方法吗？"我眨着眼睛问。"把纸巾递给她，让她自己擦。""给她纸巾，让她先擦干净自己，再把地面擦干净。"……

我肯定地点了点头，说："这才是真正的帮助，既伸出援手，又让小怡自己动手处理。那么，还不赶快行动！""小怡，你带纸巾了吗？"听我这么一说，学生纷纷问道。我看向小怡，只见她还在傻笑，一点反应都没有。这时，已经有学生拿出纸巾，交到小怡手上。令人欣慰的是，小怡开始擦去嘴边的口水，再慢慢弯下腰擦地板……，看到这感人的一幕，全班学生自发地给小怡热烈掌声。站在一旁的我，看在眼里，乐在心中。

虽然介绍小怡就花了近二十分钟时间，但正是有了这次深入的了解和沟通，在接下来的日子里，班里很少出现同学欺负、歧视小怡的情况，更多的是帮助小怡解决各种问题和困难；各任课老师也能互相配合，教育引导小怡。在大家的共同努力和帮助下，小怡渐渐融入了班级，真正成了班级里的一员。

（植结崧，广东省广州市番禺区大石中心小学）

解决策略三：追本求源，树"受歧者"自信

他的被歧视源于自卑

同事因为家里有事，让我带班一段时间。班里的小艾因小事与同桌打架，同桌已向他道歉，但他还是不依不饶，甚至要求老师给他调换座位。我问小艾为何与同桌打架，他犹豫了一会儿才道出实情："同学们老是瞧不起我，歧视我。不给他们点颜色瞧瞧，他们不知道我的厉害。"

"同学们为什么瞧不起你呢？"他有些支支吾吾："成绩不好……毛病多……老师不喜欢我，说我拖班级后腿。"见他说话时一直不敢正视我，我笑着问道："真的是这样吗？""还有……我有腋臭，同学们嫌我臭，不愿挨着我，还经常笑话我，叫我'臭豆腐'。"

终于找到了根源——小艾的这种表现其实是自卑心理作祟。原来他一直认为同学们歧视他的原因是他有腋臭。作为报复，他不理睬也不帮助别人；如果谁惹到他，他就会给谁点颜色看看。

于是，我问小艾："这样的结果是不是你想要的？想不想改善与同学间的关系，消除彼此的矛盾？"他沉思很久，才缓缓答道："其实，我也非常希望能与大家和睦相处，可他们总瞧不起我。所以，我要变得比他们强大，让他们知道我的厉害，不再小瞧我。"

这是一个多么需要关爱的孩子，却由于身体上的小毛病而导致同学关系恶化，产生一系列心理和行为上的问题。我一定要尽己所能去帮助小艾

建立自信，走出自卑的阴影。

我找来小艾的几个学生，询问他们有没有嫌弃过小艾，取笑他有腋臭。他们一致反映，从没有嘲笑过小艾，更没有歧视他，只是偶尔跟他开开玩笑。同时，他们告诉我，同学不搭理小艾，不喜欢和他在一起，主要是因为他太自私，而且性格怪异，很难接近，并举了很多例子。

于是，我通过"情境模拟"的方式找到了小艾产生"别人歧视自己"这个误解的根源——原来，小学五年级一次猜谜语课上，小艾的同桌突然站起来说："我班有块'臭豆腐'，你们猜他是谁？"没想到全班同学都看向小艾，从此他就变得很敏感。我决定以此入手，让他正确对待自己的生理缺陷，接纳自己，逐步恢复自信。

我又采用"空椅子技术"让小艾和过去的自己告别，对未来做打算，逐步修正他对同学的误解，对自己的行为有新的认识，产生新的想法，并让他充分认识到：大多数情况下，同学的嘲笑只是他自己想当然，真正的原因是他的自私行为。我引导他要注意个人卫生，学会与同学相处，化解与同学之间的矛盾。我还给他讲了牛顿的故事，让他思考自己的优点，通过放大优点、打开眼界，看清自己，从而产生自我尊重感，树立自信。

随后，我又找来班干部，告诉他们小艾的真实心理，希望他们怀着宽容之心，积极主动与他沟通；并与同事沟通，让她在班上多引导，让学生知道，人无完人，每个人都有缺点，同学间应学会相互尊重，相互帮助；还请任课老师配合，平时多关注小艾的表现，发现优点及时表扬，并适时对他进行个别辅导，提高他的成绩，增强他的自信。

我还请来小艾的父母，告知他们腋臭对孩子的影响，希望他们多关心孩子，带孩子去体检，早日治疗，去除生理缺陷给孩子带来的包袱，让孩子轻松上阵，快乐学习。

一段时间后，同事告诉我小艾变了，不再自私小气，有时还主动帮助别人，和同学的关系拉近了，性格也开朗多了，看问题比较理智了，成绩也有了明显的进步。小艾自己也说，他现在有了自信，同学对他挺好的，不会歧视他，不会瞧不起他，他与同学的关系逐渐融洽起来。

（周厚彬，贵州省遵义市第二中学）

解决策略四：教育疏导，促"歧视者"自省

孩子：不要瞧不起你身边的同学

玲是我班的学习委员，由于成绩好，老师们都很喜欢她。可近来有学生向我反映，玲不太瞧得起人，说话办事既高傲又带点歧视，尤其是对待那些她眼中的"差生"。所以，很多成绩不如她的同学和她关系都不好。

听了大家的反映，我真为自己没能深入细致了解学生而内疚，更为如此信任的学生竟不能善待同学而难过。如果不好好引导，玲如何真正健康成长？同学间如何和谐相处？班级团队精神如何体现？

刚好学校组织国庆文艺汇演，文艺委员生病请假，我知道教育玲的机会来了。我对玲说："文艺委员生病，班级的会演不能没人组织，质量不能差，老师现在请你暂时接手文艺委员的工作，组织、安排、协调好班级的参赛节目。""老师，不行，我在文艺方面简直一窍不通！""不要谦虚了，我相信你一定能够组织好这次活动！""您怎么这么相信我？""因为你是聪明的孩子，一学就会，我相信你一定会组织好！"听了我的话，玲愉快地接受了任务。

第二天下午，玲哭着来找我："老师，我真的不能胜任这项工作，大家排练集体舞，我怎么也跟不上节奏，他们都抱怨我！""不会跳不要紧，好好组织就行了！""他们不同意，说我是班干部要起带头作用。我只好跟着他们一起排练，可大家都有进步，而我一听到音乐声就紧张，感觉跳得太

别扭了。老师您帮帮我，我实在不是这块料！"

看着她一脸苦相，我只好重新安排了一位班干部，结果我们班获得了学校二等奖。

过了一个多月，学校秋季田径运动会如期召开。在我的鼓励下，玲报名参加了800米中长跑。赛前，我鼓励玲说："为班级争光，将自己所有的潜力都发挥出来，不要辜负老师和同学们对你的期待！"

可尽管玲使尽全力，最终还是倒数第一。比赛结束后，玲难过地对我说："老师，我辜负了您的期望！""没什么，只要竭尽全力就行了。其实每个人都有自己的优势，就像在学习上，其他同学无论怎么努力，都比你差一点！"玲似懂非懂地望着我。

运动会结束，我们班荣获团体总分第一名，学生都说要在班级庆祝一下，来个拉歌比赛。我同意了大家的建议。在拉歌比赛中，我暗示文艺委员邀请玲去唱歌，文艺委员站起来喊道："玲，来一个！"学生也跟着一唱一和地高喊起来，这让玲感到非常难为情。结果，一曲走调的歌让同学们议论纷纷，也让玲面红耳赤。

事后，我找来玲，问道："感觉怎么样？""丢丑丢到家了！当时我真恨不得有个地洞钻进去！""没什么，就当一场玩笑，不要有太大的心理压力。术业有专攻，每个人有特长，就像学习是你的特长，唱歌是其他同学的特长一样，不要用自己的优势和别人的劣势比较，也不要将他人的劣势和自己的优势比较！"

"老师，我以前总是瞧不起那些成绩比我差的同学。经历这几次失败，我终于明白了，某一方面优秀并不能代表方方面面都优秀！"玲感悟道。

"你说得对，我们要善待每一个同学，大家相互学习，才能共同提高，不懂得尊重同学其实就是在孤立自己！"我说道。

果然，自那以后，玲和同学的关系融洽多了！

（董建华，宋英，湖北省宜昌市秭归县第二高级中学）

特别提示：警惕歧视背后的"隐性歧视"

她的歧视源自怕被歧视

一天清早，学生小严和她的家长一起来到我的办公室。刚一见面，她妈妈就哭着对我说："陈老师，小严最近经常从家里拿钱，少则几块，多则几十、上百，上周六她竟私自拿走 1000 元现金，并全部拿来给同学小妮买东西了。我们在外挣钱也不容易，您看怎么办啊！"

送走家长后，我让小严如实告诉我一切，并保证帮她保密。她含泪说道："我父母常年在上海打工，对我关心很少，只是给我一些钱。我特别矮，又特别胖，班上多数同学都不爱理我。之前语文老师让我们自己搭配座位时，没有同学愿意与我当同桌。只有小妮愿意和我玩，可她有条件——给她买礼物。我已经给她买了好多次，这次是小妮要我送给她生日礼物。我给她买了生日蛋糕、鞋子、书包、手套、帽子等礼物，共花了 600 元，剩下的 400 元现金也被她要去了。小妮说，要是不给她，她就不跟我玩，并警告我不要告诉别人，还说我能和这么漂亮的她做好朋友是我的荣幸。"

当天下午，我单独叫小妮到办公室订正作业，并借机问她："老师对你怎么样？你的衣服真漂亮，是你爸妈给你挑的？老师看你好像很不开心呢。"……她含着眼泪不住地点头说："老师，您对我很好。""那你为什么不开心，能告诉老师吗？"她哽咽得语无伦次，最终道出了实情，情况和小严反映的大致相符。

根据调查分析，我得出结论：小严由于常年没有和父母一起生活，缺少父母的教育和关爱而感到孤独，她习惯于用金钱来填补心灵的空虚，用以掩盖自己长得又矮又胖的缺点。同样，小妮也因缺少家长疼爱而怕被同学奚落，于是利用小严的弱点，要求对方为自己买礼物，以慰藉受伤的心灵。

鉴于此，我请来双方的家长，并且通过单独沟通，讲述不同的事例，说明孩子需要良好的家庭教育。我告诉家长，他们的教育观念、教育态度、教育方法以及个人行为都会对孩子的思想品德、心理素质、学习习惯、社会适应能力产生不同程度的影响。家长应尽最大努力让孩子生活在一个温馨和睦、相互理解、相互支持、相互激励的家庭中，而且家长只有摆正自己的位置，才能使孩子健康成长。

在我的鼓励下，事发后的第三天上午，小妮在父亲的陪伴下，将小严所买的物品和400元现金退还给了她，并向小严郑重地道了歉；小严也向家长道了歉。双方家长连声向我表示感谢，并表示今后一定注意加强对孩子的教育。

从此次事件来看，单靠家庭一方教育是不够的，还需要集体的力量。于是，我紧急召开班干部会，做班干部的思想工作，让他们主动和小严、小妮结对做朋友，轮流和她们同桌。同时，我也常和小严、小妮交流，让她们正确认识自己。此外，我还专门召开了"爸爸／妈妈，我想对您说……"主题班会。会上，小严和小妮不仅坦承了自己的错误，而且也向父母表达了感恩之情。大家被她们的发言感动得泣不成声。班会过后，我发现小严、小妮的朋友多了，学习成绩也进步了。

（陈银珠，江苏省泰州市兴化安丰育才小学）

班级人际关系出现矛盾怎么办？

> 案例

"他们用那种眼光看我！"

一天，我刚来到学校，就被许多等在校门口的孩子围住了。原来，有人在班里骂人、打人了，听起来情况非常严重。

来到办公室，打人者小 A 已经站在我办公室门口。没想到，他理直气壮地说："我骂人是不对，可是他们用那种眼光看我，也太气人了！所以我才动手的！"他的语气里带着几分不忿和委屈。听到这个理由，我吃惊地问道："他们用什么眼光看你？"他委屈地说："非常鄙视的眼光！"我平静地问他："如果你听到别人骂人，你会用欣赏的眼光看他吗？"他低下头，小声说："不会。""那你觉得做什么事可以让别人用欣赏的眼光看你？"……经过一番交谈后，他认识到自己的错误，然后平静地离开了。

小 A 走后，我的心情久久不能平静。这是我工作十几年来，第一次见到因为别人的眼光而如此委屈不平的。作为一个小学生，他知道骂人、打人不对，只是"那种鄙视的眼光"刺激了他，或者说刺伤了他，使他愤怒。我第一次感受到"眼光"竟有如此大的力量，它可以加剧孩子的错误。

我以此为例，把我的想法讲给学生。当我问道："别人犯了小错误，怎么帮助他改正，又不伤害他的自尊心呢？"有人说："悄悄告诉他。"有人说："给他写张小纸条。"……

于是，我除了以身作则外，也通过一些具体的做法，慢慢地引导学生正确对待别人的错误，不要轻易投去鄙视的眼光，而是要给予善意的提醒和帮助。经过一段时间，的确收到了很好的效果。

（于丽霞，山东省东营市实验学校）

墙，推倒了就是桥

学生中间出现歧视现象怎么办？要解决这个问题，首先要弄清楚什么是歧视，为什么会出现歧视，歧视有什么后果，然后才能对症下药，找到解决的方法。

什么是歧视？歧视就是不公正地看待别人。

为什么会出现歧视呢？因为不同。学生来自不同的家庭，有着不同的社会背景、家庭条件、身体状况、脾气性格、兴趣爱好，再加之单纯幼稚，思想不够成熟，看人看事容易主观片面，以自我为标准去评判他人，歧视现象因此产生。

歧视会带来什么后果呢？歧视不仅会影响班级团结，对被歧视者造成伤害，也会对歧视者自身的成长产生不良影响。

如何有效预防和杜绝歧视现象呢？墙，推倒了就是桥。教师不仅要努力做到一视同仁，平等对待每一个学生，还要对学生进行积极的教育引导，教育学生正视自己，欣赏他人，学会与人良性沟通！

 跨越"个性"的墙

学生的性格不同，有的内向，有的外向，有的热情奔放，有的含蓄深沉。班主任要最大限度地认同和接纳各种性格的学生，还要引导学生正确地对待与自己性格不同的同学。

有一个性格比较阴柔的男生，长得也像女孩，而且他总喜欢和女生在一起玩。班里的一些男生很不喜欢他，嫌他不够阳刚，几个"豪放型"的男生更是看他不顺眼，甚至多次进行挑衅。知道这件事后，我跟那几个学生谈话："尊敬别人就是尊敬自己。你性格阳刚，但你没有权利轻视别人的阴柔之美；你潇洒粗犷，但你没有资格责备别人的严谨细致。每个人都有权利坚守自己多年养成的对别人毫无妨害的性格和习惯。"我告诉所有学生："水至清则无鱼，人至察则无徒。人应该有广阔的胸怀，有包容精神；大智慧就是一种大涵养，有涵养的人就是善于包容他人的人。"

当然，对那些性格特别的学生也要加以必要的引导，让他们认识到自己的不足，然后完善自我。于是，我找到这个性格阴柔的学生，和他讨论什么是美，男子汉的美是什么样的。经过讨论，他逐渐认识到作为男生应该有阳刚之气，"扭扭捏捏，娇声细语"确实让人感到不舒服。慢慢地，他开始"茁壮"起来。

二　修补"残缺"的墙

有一个勤学好问的学生，课上回答问题很积极，但他有些口吃，说话不连贯，因为着急，就不停地做手势，引得大家哄堂大笑。但有的学生觉得他耽误时间，甚至有人大喊"坐下，别说了"。

我专门在班会上提出要求："要尊重同学，哄笑嘲讽是不礼貌的行为；每个人都有缺点，只是自己没有意识到而已。上课积极回答问题、勇于提问的做法值得大家学习。"

课下我找到这个学生，告诉他："你很棒，继续努力。和本节课无关的问题最好下课后再向老师请教，大家都已经理解了的问题也可以放到课下去讨论。说话不要着急，想好了再说。说话时尽量不要做手势。""老师，我也不想做手势，可我控制不住。"他苦恼地说。"以后回答问题时，手里拿本书就好了。"我给他出主意。

从那以后，他说话不着急了，也不做手势了；回答问题变得有条理，口吃的毛病也得到克服；同学们不再嘲笑他，他成了大家喜欢、佩服的人。

三 打造"优势"的墙

只要有人就有比较，只要有比较就有差别。人最大的弱点是以己之长比人之短，自视清高、目中无人，如果不加以引导，歧视现象将不可避免。

班主任要尽量淡化"优"与"差"的概念，关注学生的优势，忽略学生的弱势。对体育成绩一般但学习遥遥领先的"常胜将军"，我给予表扬；对成绩平平但在歌咏比赛中一鸣惊人的"百灵鸟"，我也给予表扬；对学习成绩一般但在演讲比赛中成绩突出的"演说家"，我同样给予表扬……

我校的春季运动会和期中考试的时间通常连在一起，我把这两个大型活动的总结会合并为一个班会。对在运动场上努力拼搏的运动员和在期中考试中取得优异成绩的学生一起进行表彰，体育优胜者、学习优胜者并肩而立，同台领奖。学生的自豪之情油然而生，他们明白："我很重要！""我能行，仅仅是某个方面还不行。""我没有骄傲的资本，更没有轻视别人的理由，因为某个方面我还差得很远。"

经过引导，学生能够全面客观地看待自己和他人。看自己的优点，也看自己的不足；看别人的不足，也看别人的优点。既没有人骄傲自大，觉得自己完美无缺，也没有人妄自菲薄，觉得自己一无是处。优秀生、特长生没有傲气，普通生、后进生没有怨气，全班学生平等团结共同进步，大家相互欣赏，班级气氛更加和谐。

四 拆除"城乡差别"的墙

随着经济的发展，农村城镇化进程加快，城乡融合成为一种新趋势，越来越多的农民子弟到城市里读书，而城乡差别犹如一道鸿沟，横亘在学生中间，如果不加以引导，城市学生也许会自命清高，看不起农村学生；

班级人际关系出现矛盾怎么办？

农村学生会产生自卑心理、自负心理或崇洋心理，班级就会出现油水分离的现象，很难形成合力。怎样理顺这种关系呢？

1. 打预防针

我的班上有六十名学生，三分之一来自城市，三分之二来自农村。新生报到第一天，学生往教室里一坐，泾渭分明。不用介绍，不用招呼，农村孩子坐到一边，城市孩子聚成一群。如果不及时引导，肯定会出现"油水分离"的现象。所以，在入学第一天，我面对全体学生和家长谈了这个问题："同学们、家长们，有缘千里来相会，无缘对面不相识。我们从不同的地方走到一起，是一件十分幸运的事情，我们要珍惜这即将开始的三年高中生活。"

"来自城市的孩子有优越的家庭条件，有聪明的头脑和广博的见识。但这一切并不能成为你骄傲的资本，你没有权利轻视别人、嘲笑别人。因为优越的条件是父母用辛勤的劳动换来的，你只是一个纯粹的消费者；聪明的头脑只有和优异的成绩、高尚的品质、突出的才能相结合，才能发挥价值。请记住：流自己的汗，吃自己的饭，靠天、靠地、靠父母，都不是好汉。"

"来自农村的孩子们，你们很了不起。你们今天能坐在这里，靠的是自己的努力。你们不用自卑，但要珍惜这来之不易的学习机会，把精力用到学习上。艰难困苦，玉汝于成。生活苦一点，不是坏事，它能磨炼意志，激发斗志，这是你人生中最大的一笔财富。"

这一剂预防针使城市的孩子多了几分平和，让农村的孩子多了几分自信。

2. 合理引导

城市的孩子多数单纯开朗，健谈也健忘，很少顾及别人的感受；而有些农村的孩子内向敏感，过分在意别人的感受，别人无意的甚至是善意的玩笑都会让他们感到"很受伤"。有一次，一个城市学生买了一双运动鞋，让大家猜多少钱，一个农村学生猜三十元，这个城市学生脱口而出："三十块钱，买双鞋垫吧！"大家哈哈大笑，这个农村学生无趣地走开了。其实这本身是一件小事，说者无意，他们习惯于这样调侃。只是听者有心，他内心的自卑和自尊交织在一起，认为这是一种侮辱。这时就需要教师加以适当的引导，使这些细小的问题得到及时化解，以免积怨成怒，酿成大祸。

我专门给城市学生开会，给他们讲贫困生的故事，我对他们说："和贫困生相比，你们每个星期的零花钱比人家一个月的生活费还多，可你们还整天叫苦叫累。你们条件比人家好，成绩却比人家差，难道真如古人说的'从来纨绔少伟男'吗？你们要学习农村来的学生身上的那种勤奋和执着。"这一席话激起了他们的学习热情，也使这些高傲的城市少年开始正视自己。有一个家庭富裕的孩子，父亲常驻国外，初中时父亲每次回来都给她带一些名牌服装和文具，她都会在同学面前炫耀一番。和农村的孩子接触以后，她觉得自己以前的做法很无聊，于是不再要求爸爸给自己买，也不愿意穿那些名牌衣服上学了。父母看到她的变化很高兴。

我也专门给农村来的学生开会，对他们说："你们并不缺什么，挺起胸膛，放开手脚，用行动证明自己是最优秀的。要具备自我解剖的精神，勇于补己之短；更要敞开心扉，拿出海纳百川的气概，博采众长。"

在一个集体里，"霸气"不可助长，"猜疑"也不可提倡。有一个农村孩子刚入学时普通话说得不好，只好用家乡话回答问题。城市的学生觉得好玩，哄堂大笑。他们并没有恶意，可这个农村的孩子却再也不敢回答问题了。我告诉她："乡音是最美的，在赵本山、赵丽蓉的小品中，方言就是幽默的元素之一。作为一个中学生，在公共场合讲普通话是应该的，连英语都能学好，普通话就更没有问题了。希望你积极回答问题，早日说好普通话。"作为语文教师，我专门为她讲解了普通话的发音方法，不久，她就能说一口纯正的普通话了。

"不食嗟来之食"被很多人奉为人生信条，但有时被我们拒绝的不一定是嗟来之食，而是他人善意真诚的帮助。城市学生和农村学生的另一个差别就是城市学生不在意形式，往往好心办坏事；农村学生太在意形式，往往曲解别人的好意。我告诉城市学生办事要讲究方式，也告诉农村学生接受别人善意的帮助也是一种勇敢和修养。有一个农村学生放假回家用一个手提塑料袋装书。一个城市学生看到后，想帮助他，又怕伤害他的自尊心，就假装借他的塑料袋用，然后从自己家里拿来一个崭新的旅行包，对他说："对不起，我把你的袋子弄坏了，正好我这个袋子也没有用，你用吧。"他说得真诚而又自然。

3. 创造机会

在平时的教育教学活动中，教师要注意发挥城市学生和农村学生各自的长处，为他们创造相互了解的机会。如课文中涉及一些农业方面的知识，就多让农村的学生来回答讲解，那些从小生长在城市里的学生会面露羡慕之色；遇到有关城市的话题就由城市学生来讲解，农村学生同样会流露出佩服的眼光。一个人认识到他人的长处时，就是自己进步的开始。

有一次，一个城市学生写了一篇作文，他这样描写秋天的景色："秋天，真美啊！金黄的麦浪随风起伏。"我让他把作文给同桌看一看。同桌是个来自农村的学生，告诉他在河北省的大部分地区，小麦是在夏天成熟的，棉花、玉米、高粱等才在秋天成熟；还给他讲了许多农业方面的知识，这个城市学生感到很新鲜，也很佩服。

下雪了，扫雪铲雪，就让城市学生和农村学生搭配起来，农村学生舞动铁锹，给人一种力与美的享受，城市学生拿着铁锹浑身是劲却使不出。春天种树也这样分组，开始还轮流挖坑，过一会分工就明确了，农村学生挖坑，城市学生浇水。通过这些活动，城市学生开始喜欢这些朴实忠厚、任劳任怨、乐于助人的农村学生了，而农村学生也开始喜欢这些能言善辩、天真热情的城市学生了。

墙推倒了便是桥。通过引导，学生之间的城乡差别不再是不可逾越的墙，城市学生和农村学生在完善自我的同时相互欣赏，相互学习，取长补短，共同进步。城市学生和农村学生不再是油水分离而是水乳交融，正因为城乡结合优势互补，我们的班级才变得更加优秀。

墙推倒了就是桥。要消除学生之间的歧视现象，就要让学生明白，没有不好,只有不同。与人交往的过程就是相互了解、相互接纳、相互包容的过程。如果世界上只有一种花,美丽就会变得单调;如果世界上只有一种声音,仙乐也会变成噪声;如果世界上只有一种人,圣人也会感到寂寞。狂饮大嚼是豪爽,细嚼慢咽是儒雅。每个人都是一道独特的风景,关键是学会欣赏。

(田丽霞,河北省石家庄市第四十二中学语文教师,全国优秀教师,全国十佳班主任)

5 个别学生只能表扬不能批评,怎么办？

正视：表扬要有边界

案例

夸而不教导致恶果

海是班级学习委员，成绩优异，与同学关系融洽，老师、同学都喜欢他。作业本上，他经常收获"好""很好""解题方法独特"等评语。课堂上，回答难题是他的专利，更会得到老师们各种各样的赞美："请同学们把掌声送给他，我们为有这样优秀的学生而骄傲自豪。""你是师生的骄傲，希望同学们都向他学习。"……可以说，海几乎整天都生活在赞扬中。

就在大家对他的未来一致看好时，他却变了——变得越来越自满，胆子也越来越大，还喜欢上同学娟。其实到了高中，异性之间有好感本来挺正常，然而海在师生的赞扬声中已然养成了唯我独尊的性格，他追求娟未果，竟然在教室里当着同学们的面要强吻娟。老师爱才，批评海之后又注意保护他，只希望他不要再违纪，同时安慰好娟，就以为大功告成了。

可对于老师对他的保护，海不仅不领情，还越来越放纵自己。为了赢得女生喜欢，他竟开始偷钱。在老师们一次次的苦苦劝告之后，海不思悔改，在错误的道路上越走越远，最后老师、家长都管不住他，只能听之任之——他想上课就上课，想逃学就逃学，在社会上打架、斗殴、偷盗、玩弄女性，最后在众人的叹息中走向了辍学之路。

现实中这样的例子并不少，究其原因，除了学生本身的问题之外，老师、家长对他们夸而不教，使他们养成了自负、放纵、听不得批评等性格，等到老师、家长意识到问题的严重性再想加强管教时，已经难以扭转学生的思想和行为了。

因此，作为班主任，我们要认识到，无论学生多么优秀，该表扬时就不要吝啬表扬之词；学生犯错误时，在尊重其人格和尊严的前提下，该批评、处罚的也绝对不能心软、回避，一定要及时教育，防止学生出现接受不了批评的不良后果。

爱才、喜欢优秀学生，也许是老师的"天性"，但老师对学生的爱有两种：一种是大爱，即对这些学生既表扬又批评，引导他们成才；另一种是宠爱有加，只表扬不批评，任其放任自流。只表扬不批评的教育效果只能是一时的，从长远来讲，则对学生"有百害而无一利"。

（董建华，徐英，湖北省宜昌市秭归县第二高级中学）

表扬也忌"过犹不及"

表扬并非万能的灵丹妙药，它与批评一样都是教育者在理解和把握孩子基础上的实践选择，只是教育形式不同罢了。

总体而言，表扬是好的，是一股积极的力量，但并不是所有的表扬都会产生积极的效果。表扬会激励学生自信，也能毁掉孩子的自信。认知心理学认为：12岁的孩子已经开始明白，被老师表扬并不代表你做得一定好；相反，正是因为你做得不够好，老师才会表扬你，给你额外的鼓励。特别是在如今学生素质明显提高的情况下，学生的这种思维表现得越发明显。例如，老师表扬某学生时，可能不知不觉地在传递"你已经发挥出了全部的天赋"的信息。而当老师批评某学生时，可能他的本意是"你还有提升的空间"。因此，表扬很重要，但一定是发自内心的。如果孩子认为表扬很假，那么他们不仅不会相信虚假的表扬，也不再相信那些真诚的赞美。

在这样的前提下，如果过分表扬学生，还会产生一种不良的后果，那就是扭曲了他们的行为动机。很多孩子在儿童时期经常受到表扬，这样会让他们产生一种目的性很强的想法：只要受到表扬就能够得到想要的东西。因此，他们会为了得到表扬而去做某事，或者为了达成某个目的而故意表现良好并博得表扬，以此得到他们想要得到的。如此一来，这些学生很难发自内心去完成一件事情，因为只有被表扬时他们才会去做。

与不常被表扬的学生相比，经常被表扬的学生做事很难持之以恒，过分依赖家长、老师，甚至连说话、做题也透露着不自信。这也是很多学生初中时学习很好而到了高中成绩便下降的一个重要原因。因为初中生还是在老师的呵护下成长的，到了高中或者大学，他们大都是靠自己的努力成长。有这样心理的孩子大都害怕选择，因为他们害怕承担责任，害怕失败，从而导致焦虑、沮丧情绪增加。

因此，我们应有意识地帮助个别学生戒掉渴求表扬的瘾。给他们时间和空间，让他们能够对自己的天赋做出真实的评价，能够更好地认识自我，多从自身角度出发思考问题。

［刘诚，江苏省连云港市赣榆外国语学校北校区（智贤中学）］

批评，应以生为本

摒弃你的"玻璃心"

开学伊始，小凯作为纪律委员热心帮助同学，积极参与班级事务工作，特别是他把班里的自习纪律管理得井然有序，多次受到值班干部的表扬。但好景不长，有几次晚自习时间，他被值班干部发现在班里带头打闹。我为此批评了他，没想到他抵触情绪很强，甚至拒绝和我交流。近来，小凯又因基础知识扎实、专业知识优异被选拔参加市技能大赛。可他在赛事过程中的表现却让人愕然。由于他所在团队表现不理想，评审老师提了一些中肯的意见和建议，可小凯不仅没像其他同伴那样虚心接受，反而黑着脸充满火药味地予以顶撞。

究竟是什么原因造成小凯一受到批评就性情大变、万般抵触？他的心理为何如同玻璃般易碎呢？

原来，小凯的"玻璃心"与他的家庭、成长环境密切相关。据小凯的母亲介绍，小凯是独生子，父亲常年在外工作，平时他和母亲生活。母亲坚信"好孩子是夸出来的"，一直对孩子采取夸奖的教育方式。即使他做错了事，母亲也舍不得批评、训斥，生怕委屈儿子。上初中后，小凯迷恋上网络，成绩下滑严重，母亲无奈让父亲管教他；而父亲动辄责骂孩子的粗暴方式，不但没有见效，更导致父子关系紧张。就这样，小凯一度生活在父母冰火两重天的教育中，心理承受力可想而知。

事实既已如此，该如何帮助小凯摒弃"玻璃心"，使他既受得起表扬，也经得起批评呢？解铃还须系铃人！我决定引导他自省自悟。

待小凯大赛归来、心平气和后，我找他谈话："你知道吗，你当时说话的口气让我们以及评审老师都很不舒服。"一阵沉默。"你当时是怎么想的，能和我说说吗？""老师，那您能不能保证我说出来后不挖苦我？""没问题！""我觉得那个评审老师就是故意找我们的碴儿，所以我就用顶嘴的方式让他觉得我不是好惹的！""我能理解你的感受，被挑刺儿的滋味确实不好受。"

我边说边递给小凯3张心理学的双歧图（见双歧图1、双歧图2和双歧图3），让他仔细观察，说出自己的理解。小凯先是不假思索地描述出他看到的每张图片的样子，并说："老师，这有什么难的呀？"我提示他再仔细观察，必要时可转动图片。随着操作，他成功地从同一张图片中找到了另

班级人际关系出现矛盾怎么办？

双歧图1　　　　　　　双歧图2　　　　　　　双歧图3

一种完全不同的事物。我趁热打铁，引导小凯思考除了觉得评审老师故意找碴儿这一想法外，还有其他别的可能吗？这时，我观察到小凯的表情从找到新解释的欣喜渐渐转为沮丧。过了好一会儿，他才红着脸惭愧地对我说："老师，对不起！我不应该把评审老师想得那么差劲儿，也不应该把您往坏处想！"

瞧，看问题的角度不一样，对事物的看法就不同，引发的行为和情绪也大不一样。

这件事也启示我，与一味简单片面地批评说教相比，从学生的观点、角度出发解决问题，更能让他们信服。人生不会总是坦途，如果我们教育出来的都是一些经不起风雨的孩子，那就是害了他们。

（呼泓敏，杜楠，山东省淄博信息工程学校）

人告之以有过则喜

洋洋在英语课上看《红楼梦》，被英语老师发现并批评，可她不但不服批评还和老师发生了言语上的冲突，惹得英语老师气愤地来告状。说起洋洋,身为一班之长的她,不但长得漂亮,成绩优异,而且各方面都很出众,拥有众多的崇拜者和追随者;可她责任心不强,骄傲自负,经不起一点批评。我曾多次和洋洋及其家长交流该问题,但她本人自我感觉良好,家长更认为孩子出类拔萃,老师是鸡蛋里面挑骨头。

家长的不配合,加大了教育洋洋的难度。怎样才能使在鲜花和掌声中长大的她虚心接受老师善意的批评,走向真正的优秀呢?我反复斟酌、思考,苦苦找寻突破口。

周三下午,因为年级部要举行跳绳比赛,所以下午提前30分钟上课。由于我没有及时通知,导致我班7名中午回家就餐的学生上课迟到。最后一节自修课,我刚到教室,这7名学生就朝我喊道:"张老师,我们迟到是您的错误,您没有告诉我们……"这时,几个调皮鬼也幸灾乐祸地跟着起哄:"您的错误,您的错误……"学生齐刷刷地向我望来。

我心想,这可是一个教育洋洋的绝佳机会——我要用自己对待错误的态度去触动并改变洋洋。于是,我定了定神,满脸歉意地说道:"对不起,这的确是我的疏忽。我向同学们道歉,以后坚决改正,请大家相信我!错了就要承担责任,你们要我怎样做?"说完,我用余光瞄了洋洋一眼,她正瞪大眼睛惊讶地看着我。

学生见我如此诚恳,有些不好意思了:"没事啦,张老师。您事情多,我们理解!"那几个调皮鬼则不依不饶地喊道:"错了就要受惩罚,张老师要请我们吃棒棒糖!"

这时,身为班长的洋洋站了起来,替我打抱不平:"回家就餐的同学都理解张老师了,你们起什么哄啊!""洋洋,他们说得对,错了就要受到惩罚,我请同学们吃棒棒糖!明天我发给同学们!"我坚定地说。学生听后欢呼雀跃。

望着不解的洋洋,我微笑着说:"孟子曾说过,'人告之以有过则喜',高尔基也曾说过,'真正的朋友,在你有缺点、可能犯错误的时候,会给你正确的批评和帮助'。同学们开诚布公地指出我的错误,说明是发自肺腑地关心我,希望我的班级工作有更大提升,感谢同学们!对待批评的态度决定了一个人的高度，能否虚心接受别人的批评，决定了一个人将来的发展！"

再看洋洋，只见她低着头，若有所思。我趁热打铁地说："我还有很多缺点，恳请同学们批评指正。"说完，我一本正经地拿起纸笔，坦然地看着同学们，准备记录。

见我要动真格的，教室里瞬间变得静悄悄的，连根针掉到地上都听得清清楚楚。学生你看看我我看看你，没有人敢当面揭班主任的"短"。我开导说："古人尚且虚怀若谷地接受批评，更何况我们，请大家踊跃发言！"

学生见我态度诚恳，才逐渐打开了话匣子……

我一一感谢给我提出意见和建议的学生。每当我说出"谢谢"时，教室里便爆发出热烈的掌声。很多学生都因此而备受感动，他们还主动进行了自我批评，气氛异常热烈。

最后，洋洋站起来说："张老师，您今天的所作所为很让我感动。非常惭愧，作为班长，我没有起到模范带头作用，而且还有很多缺点。'人告之以有过则喜'，我以后一定会虚心接受大家的批评！"教室里再次爆发出热烈的掌声，我由衷地笑了。

（张慧琴，山东省淄博市临淄区实验中学）

其实她能够接受批评

上届高二分班，女生小怡无人敢要、无班敢接，原因是她非常有个性，只能接受表扬，不能接受批评。最后，年级部领导决定把她放到我班，说我有经验，能够管住她。我知道，这样的学生不是不能批评，关键是谁来批评、用怎样的方式批评。如果是她很敬重的人用她能够接受的方式来教育她，她是会有改变的。

首先，让自己成为她信任的人

第一次与小怡见面，我就用心去做好这件事。那天上午报名，她来得比较早，我就安排她帮我收学费，最后还让她帮我送东西到办公室。她离开时，我表扬她能干。她笑笑，有点不好意思。下午班级大扫除，我看她擦墙砖擦得非常专注，又及时表扬了她。第一次交周记时，我发现她的字写得很漂亮，虽然观点独特而偏激，但说的是实话，是经过认真思考的。因此，我表扬了她的周记和字。

当然，对于小怡而言，单凭这些表扬肯定不够，最多令她不反感我，想让她真正认同我，还要通过心灵的交流。于是，我特别注意跟她谈话的内容和方式，比如，我避而不谈她的学习，而是谈她感兴趣的话题。通过周记，我发现她喜欢炫耀自己过去跟老师斗争的"丰功伟绩"，便从她过去的学习生活谈起。果然，她的话多了起来，我基本上是在倾听，偶尔说几句话而已。几次谈话下来，我逐渐得到了她的认可，她每次遇见我都会主动跟我打招呼。她的妈妈还特意打电话对我表示感谢，并说小怡对我非常敬佩。

看来，我的形象已在她的心目中树立起来了，这也为日后对她的批评教育奠定了基础。

其次，让批评方式变得容易接受

即使小怡已对我比较尊敬，可就她的性格而言，过于正面直接的批评方式，她依然不会接受。为此，我通常采用她比较容易接受的方式对她进行批评教育。

有一次，小怡在我的课上睡着了。我让人把她喊醒，问她是不是不舒服，她说"不是"。听了这话，我便故意"自我批评"道："看来今天我的课上得很有问题，居然把小怡同学上睡着了，实在对不起。同时，我也要感谢她，因为她的行为提醒我，自己的教学还存在问题，仍有待提高！"学生听了大笑，小怡也很不好意思。接着，我又说："尽管如此，提醒老师的方法还可以多种多样，比如可以认真听讲，把问题记下来，课下再与老师交流，这样老师改进教学时就更有针对性了。"从她的神态看，她把我的话听进去了。后来，她在课堂上基本不睡觉了。

由于进行了一系列的前期铺垫工作，我的教育取得了较好的效果，小怡在我班上的两年里一直表现良好。事实证明，她其实是一个能够接受批评的孩子！

（贾宏权，安徽省巢湖市第一中学；
洪琴，安徽省马鞍山市含山县巨兴初级中学）

批评，应注重表达

雨是个听话懂事的孩子。每次看见她那漂亮工整的作业，我都感觉很舒服。可雨有个毛病——事事总爱追求完美，只要得到表扬、夸奖，或者是作业得了"优"，她就会笑逐颜开，围着我叽叽喳喳说个不停，恨不得把自己做的每件事都讲给我听；可如果稍微说她一句，她连续几天都会不高兴，对人不理不睬。起初，我也不清楚她到底为何这样喜怒无常。后来经过观察，我才明白这孩子只喜欢表扬，根本听不得别人对她的不满和批评。

说实话，老师也喜欢表扬学生，也希望每个孩子都快快乐乐、高高兴兴地成长。可有时面对孩子的错误和不良行为习惯，总不能不提醒、不教育吧！看到雨因批评而不高兴的样子，我心里也不好受，我更喜欢看到她绽放的笑脸。

再三思虑，我决定要改变教育学生时的表达方式——要在批评中夹杂鼓励、支持和认同。

一天，轮到雨的小组讲课了，雨作为小组代表，讲了一个多小时还没有讲完。眼看快放学了，雨还在不紧不慢地找同学回答问题。只见她从这头看到那头，又从那头看到这头，急得我心都快跳出来了。我知道，她是想找自己的好朋友或者是有独特见解的同学回答问题，可时间不等人。我本想提醒她，可又猛然想到，她和她的组员们能勇敢地站在讲台上展示自己的所思所想，已经相当不简单。任务没有完成，他们心里肯定也不好受，如果我再当着全班学生的面批评他们，对这些自尊心较强的孩子不公平，更何况还要多加考虑雨的感受。

于是，我顿了一会儿，笑着说："本组同学的课件做得真好，而且每个人都做了充分的准备，合作得很不错。特别是雨作为组长，分工明确，主动承担重任，很有领导才能。如果讲课时能再紧凑些，让回答问题同学的范围再广些，让大家都能参与到讨论中，相信时间也会很合理，不会有遗憾。相信他们下一次的表现会更出色！"

这时，全班学生为他们献上了热烈的掌声，我看到雨的脸上又露出了久违的甜甜笑容。

（徐莲香，甘肃省酒泉市南苑小学）

批评，应艺术委婉

闲暇时，一则广告引起了我的思考：在一辆拥挤的公交车上，有只手正慢慢伸向一只白色手提包。"咳"一声传来，男子恶狠狠地瞪了"发声"的女士一眼，满脸愤怒。一会儿，那只手再次向手提包伸去，我们听到的还是那声轻咳。面对女士坚毅的目光，男子羞赧地收回了手。这时，屏幕上显示出"咳嗽是一种美德"的广告语。

班级人际关系出现矛盾怎么办?

小美,一个开朗的女孩,学习成绩优秀,是老师心中的宠儿,同学学习的榜样。但前段时间,我发现她变了。上课时,她经常习惯性地摆弄着额前的几缕头发,时而若有所思,时而望着窗外发呆。即使是下课,也听不见她那银铃般的笑声。那个快乐的女孩去哪儿了?

为此,我多次找小美谈话,可每次都收效甚微,无功而返。无奈之下,我把她母亲找来,这才知道:前段时间,小美的外公病重,父亲不在身边,母亲又忙于照料外公,所以疏于对女儿照顾,致使女儿迷恋上了网络。一天晚上,母亲回到家,发现女儿正和一个陌生男人视频聊天,便狠狠批评教训了她一顿。可从此以后,小美不但没有悔改,反而经常偷偷进出网吧,和母亲的关系也变得越来越生疏,甚至很少说话。说到这里,小美母亲已经泣不成声。

了解到这些,我才发现问题的严重性。我把小美叫到一个安静的地方,进行了一次朋友式的促膝长谈。我们谈到身心的发育、学习的重要性以及父母的期待,等等。终于,小美低下了她那高傲的头,并表示要悔改。可我深知,她自上学以来一直被家长捧在手心里,生活在旁人的表扬声中,通常的批评方式她能轻易承受并接受吗?

这时,广告中的一幕突然出现在我的眼前。我决定效仿车上的女士用一声声"咳嗽"把小美召唤回来。一声、两声;一天、两天……无论如何,我也要坚持住。

上课时,我开始更多地关注小美,对于她的那些习惯性的毛病,我没有和她过多计较,只是当她发呆时才"轻咳"一声。一次,她显得异常烦躁。当我小声"咳嗽"时,她猛然抬起头,狠狠地瞪着我,好像要发作,但最终还是红着脸低下头。

半个月过去了,我发现小美已经有了微妙的变化——上课走神的次数少了,开始主动举手回答问题了;下课也不再形单影只,偶尔还会搂着同学的胳膊一起玩闹。看来我的"咳嗽"已经初见成效。我心中暗喜,但依然告诫自己不能放松。

一个月过去了,对于小美的进步,老师和同学都有目共睹。我没有再为此事找过她一次，只是必要时做一些眼神的交流。学生打趣地说："刘老师的'咳嗽病'终于好了！"就这样，那个老师心中的宠儿又回到了课堂，那个活泼开朗的女孩又回到同学中间，眉间的愁云不见了，脸上的笑意多了。

一天，我刚走出教室，小美追了上来，深深道了一声"谢谢老师"便跑开了。看着她轻盈的身影，我很欣慰。

（刘永进，山东省乳山市南黄镇初级中学）

批评，应另辟蹊径

"真不明白你为什么要选小俊当班长！"十一假期归来，教数学的孙老师便气呼呼地告状。我大吃一惊，赶紧问明原因。

原来，刚开学不久，小俊就和孙老师产生了矛盾。小俊因在暑假提前学过课本上的内容，上课时就不好好听讲，一门心思做后面的题。孙老师发现后，提醒了他几次，但这孩子倔得很，根本不听。一次课上孙老师出了一道较难的题目让小俊去黑板上做，结果他没做下来，就认为孙老师有意让他出丑，上课就更放肆了。孙老师觉得学生有了逆反心理，就有意在今天上课时表扬小俊。结果，他表扬的话还没说完，却听到小俊小声说了一句难听的脏话，一下把孙老师气坏了。

我听后也很愤怒，想马上把小俊叫来呵斥一顿。但静下心来想想：一般来说，成绩比较优秀的学生可能会和老师处不好关系，但不至于这样对待老师。到底是什么原因呢？

经多方了解，我得知小俊家境很好，父母对他要求很高，只是他们均在外地工作，他是跟着祖父母长大的。因为小俊是三代单传，成绩又非常优秀，祖父母平时很娇惯他，导致他养成了只能表扬不能批评的坏毛病，家长虽很头痛却毫无办法。可辱骂老师，不批评教育，任其发展肯定不行。用什么办法既能让小俊接受批评又不让他产生抵触心理呢？

从我和小俊接触的一个月来看，他还是能听进道理的，只是他自尊心极强，如果当面做工作，他很可能产生抵触心理，后果不堪设想。这时，我想到了书信——也许用这种方式与他进行沟通会比较稳妥。于是，我提笔给小俊写了一封信。

小俊：

没想到老师给你写信吧？开学以来，你为老师、为班级做了那么多的工作，老师要感谢你！你也用自己的努力付出赢得了大家的信任。但老师今天要好好批评你：孙老师好心提醒你、教育你，你不仅不接受，反而辱骂孙老师，这让老师和同学们很难接受，不敢相信这样的行为、这样的话出自你。一棵小树想长成参天大树，尚且要迎接雨雪风霜的洗礼，有时还需要接受人为的矫正，甚至砍掉旁逸的枝杈，更何况一个人的成长呢！一个人的健康成长缺少不了批评。古人云"吾日三省吾身"。老师希望你能静下心来想一想如何处理这件事，相信你一定能做出正确的选择。

没过几天，孙老师便好奇地问我："你用什么办法让小俊这'犟精'跑来给我道歉的？"我笑而不语——看来这步棋我走对了！

于是，我更加坚定了采用写信的方式来教育小俊的信心。元旦文艺晚会上，由于小俊错误预判、准备不足，结果只上演了5个节目，弄得全班同学都很扫兴。在同学的埋怨声中，小俊有些恼羞成怒，我当时赶紧转移了话题。第二天，我又给小俊写了一封信。

小俊：

有点难过吧？这个结果你大概没想到吧？但这件事的责任主要在老师。你们平时很少组织活动，很多事情想得不周全，这是很正常的。老师应该预见到这一点,并加强指导。经历这事,你可能就会明白:做事光有信心还不行,很多事情说起来和做起来完全是两回事。希望你以此为鉴,以后无论做什么事都要考虑得细致周全。你说呢?

过了两天,小俊给我回了一封长信,对元旦晚会各方面的不足做了较好的反思。

一次,小俊因履行班长职责而与同学小天发生了矛盾,甚至还动起手来。我想,要是批评小俊,肯定会影响到他工作的积极性,甚至还会影响他在班级中的威信;可不批评吧,不管什么原因,打架肯定不对。思考再三,我决定还是用写信的方式来解决。

小俊:

昨天的事,首先应该肯定的是你敢于管理,敢于向老师反映情况,这也是你的职责所在。可无论如何,你也不应该打架。作为一班之长,你既要有宽广的胸襟,也要有解决矛盾的智慧与能力。你是一个聪明的学生,明天该怎么做,老师将拭目以待……

第二天课间,小俊来到讲台上,郑重而诚恳地向小天以及全班同学道歉,并深深地鞠了一躬,希望得到大家的原谅。全班同学报以热烈的掌声。

见此情景,我会心地笑了。

(范青华,湖北省宜城市龙头中学)

班级人际关系出现矛盾怎么办？

专家视点

在"文雅与野性"的文明中
建构强韧的自我

在现实的日常生活和学校教育中，家长和教师都可能碰到这样的难题——"个别学生只能表扬不能批评"。在这种情况下，家长和教师都会感到苦恼甚至束手无策，那么，到底该怎么办呢？

一 反思：到底是谁的"问题"

"个别学生只能表扬不能批评"，这听起来确实是个"问题"。但是，这到底是"谁"的问题呢？如果对这点不做更加理智的剖析，在实践中教育者很容易情绪化地把它归结为是"个别学生"本人的问题，并更进一步地用一种"道德手电筒"式的思维方式去判定是"个别学生"的性格问题或人品问题。这种思维方式看起来很解气或者很容易把教育者自己的责任推卸掉，但是并不能帮助我们真正地面对这个问题、解决这个问题。任何一个学生，有谁生来就只能表扬不能批评呢？显然没有。他之所以成了一个"只能表扬不能批评"的人，应该与他后天生活经历和缺乏挫折教育有关。如果不反思这个学生以往生活环境和教育经历的特点，我们很容易把"只能表扬不能批评"作为一个"本来就如此""难以改变或不能改变"的问题标签贴在这个学生身上，这是对学生的发展缺乏历史眼光的表现。

"个别学生只能表扬不能批评"首先极可能是家长或家庭教育造成的。

学生的第一任老师是家长，第一所学校是家庭，第一时间的人格启蒙也发生在家庭生活氛围中。自然界中万物的生长既需要白天的繁荣、阳光的滋养和水分的滋润，也需要黑夜的静默、寒冷的洗礼和干渴的考验。作为自然界的万物之灵，人的生长也如此。家庭生活是学生个体生长的"第一精神自然界"，它既需要给孩子提供鼓励、表扬、夸奖、赞许、认可的机遇，也需要提供批评、打击，使其受挫、失败、孤独的机会，只有如此，丰富、平衡的精神自然界才会孕育出茁壮、自然、充盈生长力的"苗"。而现实中的许多家长没有遵循和尊重"精神自然界"生态环境这一基本规律，过分"保护"孩子，单一性地使用夸奖、表扬等方式，造成家庭这一精神自然界的结构失衡。于是，孩子从这一精神自然界获得的精神养料品种单一、要素不齐，日积月累导致了他精神世界的"营养不良"和人格结构的"单一失衡"，只能接受表扬，不能面对批评。

其次，"个别学生只能表扬不能批评"还可能是教育者或学校教育造成的。学校教育（尤其是基础教育阶段）是学生个体生长的"第二精神自然界"，它的精神生态质量也深深地影响着学生的精神世界和人格成长。与家庭生活自然、自发地影响人的精神生态环境特征不同，学校教育本质上体现的是有目的、有组织、有计划培育人的精神生态环境特征。然而，在应试主义、工具主义和极度功利主义的现实社会环境中，学校教育"自觉育人"的价值取向也发生了扭曲，而专注外在知识的占有、升学比例的比拼、人际排名的竞争，等等。由此产生的后果可能有：第一，教育者忽视了个别学生在"第一精神自然界"中悄悄形成的不良心态和性格的萌芽，任其野长而不加以控制；第二，仅仅用分数、外在表现等方式来评价学生，导致学生过于关注"好分数""好表现"，重视"成绩"却忽视"成长"，从而放大了学生在家庭中的失衡心态。于是，学校和家庭不自觉地进行了一次"合谋"，从而更加固化和强化了个别学生业已形成的不良心态和人格结构。长此以往，"个别学生只能表扬不能批评"成为必然。

再次，"个别学生只能表扬不能批评"也可能是学生自我造成的问题。人的发展既受遗传、环境、教育这些外在因素的影响，也受自身的意识水平和主动性的影响。在学生的自我意识觉醒之前,"只能表扬不能批评"这一问题可以更主要地归因于家庭教育和学校教育的不当。但是,在学生的自我意识觉醒之后,"只能表扬不能批评"这一问题的责任则必须更多地由学生自己来承担。可惜的是,我们的家庭教育、学校教育和学生自己都过分注重了外在的东西,忽视了对自我内心生命自觉和个体内在生命力量的培育。久而久之,学生虽然年龄在增长,但是自我的发展却非常缓慢甚至停滞,于是"懵懵懂懂""浑浑噩噩""三十而仍不能自立、不愿自立"的"大小孩"比比皆是。

视角:从"问题观视角"到"成长观视角"

冷静、客观、历史地剖析了"个别学生只能表扬不能批评"这一问题之后,如何去面对它、解决它呢?我们需要一种视角的转换,即从问题观视角转换到成长观视角。成长观的视角包含以下主要观点。

第一,要确立成长的视角,真正把学生视为成长过程中的人。一方面,既然是在成长过程中,它就不可能是一帆风顺、完美无缺的;另一方面,成长的过程是由学生内在固有的基本需要推动的,"那就是每个学生都具有自尊和自主的需要,希望得到关注和认可,需要受到赞赏和好评,期望得到独立和表现的机会"[1]。由此观之,"个别学生只能表扬不能批评"也是学生成长过程中的一种现象和表现。

第二,学生表现出来的问题其实是其内在成长需要的一种表达和呼唤。在学生身上出现的现象是其内心状态的外化,是其成长需要的吐露。那些"不够成熟和比较脆弱的个体在自尊需求受挫时,自我防卫反应会特别强烈",会"变换形式来满足需要"[2]。这种自我防卫会掩盖他们真实的内在需要,往往会引起人们的误读。"个别学生只能表扬不能批评"恰恰表明学生

---

[1] 李晓文.三探学生的"成长需要"[J].基础教育,2006(3):20.
[2] 同[1].

的自信心和自尊心比较脆弱，不够稳定，恰恰隐晦地表达了学生自我发展的需要。仁厚、智慧的教育者要从这样的问题中读出学生真实的成长需要。

第三，从能力的实体观转变为能力的增长观，从固定型心理定向转换为成长型心理定向。美国心理学家卡罗尔·德韦克（Carol S. Dweck）通过问卷分析和实验研究发现，有些人信奉的是能力实体观，而有些人持有的是能力增长观。能力实体观认为能力是一种固定的、不可控制的、与生俱来的特质，在这种观点的驱使下，人只能去寻求自己能力水平的证明，自尊满足的需求使得个体希望得到聪明的评价和表扬，而不愿意看到自己能力失败的证据，从而回避失败和批评。能力增长观则认为能力是努力的结果，持有这种观点的人不会因为失败或批评而降低自尊，也不会因为成功而故步自封，反而会从中吸取教训和经验，不断地提高自己的能力。德韦克发现，不同的能力观会让人逐渐形成不同的心理定向，而不同的心理定向会形成人们对自己不同的评价方式，从而对人们的生活产生深远的影响。能力实体观对应的是固定型心理定向，能力增长观对应的是成长型心理定向。"具有成长型心理定向的学生相信成功是一个学习的过程，他们牢牢把握住这次机会。具有固定型心理定向的学生宁愿自己能有片刻的良好感觉，也不愿意暴露自己的不足，甚至面临学业上的风险和困境。"[①] 两类不同心理定向的人拥有不同的脑电波，"具有固定型心理定向的人只有在能反映他们能力的信息出现时才产生兴奋"。根据以上观点，"个别学生只能表扬不能批评"正好说明该学生极可能持有的是能力实体观，从而形成了固定型心理定向，只对那些证明自己已有能力和特质的信息感兴趣，并不能真正去关注自身能力的增长和人格的发展。所以，对这类学生的教育从根本上是要转变他们的能力观和心理定向。

第四，要实现学生的成长，同时也要实现家长和教育者的成长。学生之所以会形成"只能表扬不能批评"的性格倾向，他周围的家庭或学校教育环境一定有类似的影响源。固定型心理定向的家长或教育者就容易孕育

---

① 德韦克. 心理定向与成功[M]. 王成全，等译. 北京：人民邮电出版社，2007：18.

出同类型的学生心理定向。因此，需要改变和成长的不仅仅是学生，与之相关的家长和教育者也需要自我改变和成长。

第五，一定要结合学生的年龄特点采取合适的方式促进成长。"个别学生"有可能是小学生，也可能是中学生，他们的年龄特点有很大差异。小学生想象力丰富，活在故事的世界里；初中生感情比较丰富，发展愿望强烈，需要更多的平台和舞台；高中生逐渐走向理性和自我的初次觉醒，渴望理解和对话。同样的问题，对不同年龄特点的学生要采取不同的教育策略。

三 策略：基于真实成长的多元策略

基于上述的反思和分析，我们可以发现类似这样的问题其实是一个系统性的问题，要真正从根本上解决，需要教育者在基于真实成长的基础上采用多元策略。

在大的方面，呼唤并倡导"文雅和野性"并存的家庭生活和学校文明。我们在研究中发现，那些来自比较艰苦的地区或家庭的孩子出现这样毛病的普遍比较少，而恰恰是那些家庭条件或地区条件比较好的孩子身上这样的毛病比较常见。这表明，"个别学生只能表扬不能批评"似乎更多是一种娇气的"文明病"。条件比较艰苦的地区或家庭，生活和教育比较粗犷、质朴、直接、自然，面对困难、危机、失败、批评、打击的情况比较多，家长和学生获得了一种自然意义上的"脱敏训练"，情格更加朴实、坚韧。反而是那些过分关注学生的细节表现、文化修饰、评价形式的家庭里的学生比较敏感，"钝感力"不够，只能从表扬、赞许里获得自我的意义。所以，整个社会要呼唤"文雅和野性"并存的家庭生活和学校文明。

在小的方面，家长和教育者首先要自我教育和成长，然后帮助学生、陪伴学生逐渐建立起成长型的心理定向。

处理"个别学生只能表扬不能批评"还有很多具体策略。

如，和学生一起阅读名人传记、听演讲，看一些优秀影视作品，都可能促发他们对自我的重新认识。

如，对年龄较小、理智稚嫩的学生，可以用讲故事、角色扮演的方式，慢慢地让其体验，对其进行引导；对年龄稍大、理智稍开的学生，可以从日常聊天中慢慢引入，让学生不感觉在批评他，然后抓住机会站在朋友的角度适当地给予建议和规劝等。

如，批评应讲策略、讲渐进性，努力找出该肯定的地方，甚至鼓励学生自己说出可改善的地方。批评应该就事论事，应该以真为原则，从公平公正的角度说真话而非套话，以切身感受表真情而非矫情。要关注批评的善后工作，不能漠视学生，不能老翻学生的旧账。

如，批评要注意时机和场合，重视点名和不点名的差别，区分个人和非个人的差异，讲究措辞和语气。对承受力特别差的学生，可以先采取在集体中批评的方式，先使其增强对批评的承受力。引导学生明确对人对事的评价不只有表扬和批评两种，帮助学生理解评价的目的和意义，加强接受批评的能力，他们的承受力也会越来越强。

如，只有当学生真正付出了努力，获得进步和成功时才给予肯定和表扬，并且把肯定和表扬的重点放在他努力的过程和方式上，而不是简单地肯定和表扬结果。

总之，无论是在家庭还是在学校中，家长或教育者都要和学生一起逐渐领悟到表扬也好，批评也好，最终要和学生的成长型心理定向以及强韧的自我建立起内在联系，这样才具有真正的教育意义和人生价值。

（李伟，华中科技大学教育科学研究院副教授）

6

个别学生不善与同伴交往，怎么办

班级人际关系出现矛盾怎么办？

美言美行，人际交往不是难关

美言可以市尊，美行可以加人

"张老师，我……我不要和小林同桌！小林把我的东西扔了一地，我说他几句，他又把我的课桌掀翻了，还把教室后门的玻璃打碎了……"小梅的眼睛哭得像两只桃子。

又是小林，升入初一不到一周，已经连续两次和同学发生矛盾！小林思维敏捷，成绩优异，但缺乏人际交往技巧，用同学们的话说就是"说话难听，行为粗暴"。

我安慰好小梅后三步并作两步来到教室，情绪仍然很激动的小林正用湿巾压迫刚才被玻璃划伤的右手。见状，我什么也没问，只是轻轻拍了拍他的肩膀："小林，疼吗？哎呀，受伤的是右手，写字会不会受影响啊？"顺势拉他去了医务室就诊。

处理好伤口，小林的情绪也逐渐平静下来，我和他来到学校操场，找了个安静的角落坐了下来。

"还好，有惊无险，万一你的右手伤势严重，那可是后悔莫及啊！"小林点了点头。

"小梅怎么惹你生气了？能把经过说一说吗？"为了保证谈话顺利，我委婉地问道。

小林沉默片刻，终于开口了："数学课后小梅问我一道题，我给她讲了一遍,她没听懂,我说她笨得像头猪,她就骂我。"

"小梅骂你?"小梅是个文静甜美、举止优雅的小姑娘,我很好奇。

"小梅骂我才是猪,我就掀翻了她的课桌,感觉还不出气,又打碎了玻璃。"小林气愤地说。

我笑了:"初中生的自尊心都很强,小梅说你是猪,你很生气。可是小林,是你先说小梅是头猪的,而且她还是个女孩,你考虑过她的心理感受吗?你这是'只许州官放火,不许百姓点灯'啊!"小林欲言又止。

"小林,祸从口出,你一句不雅的话引起一场风波,值得吗?你上次和小海大打出手,也是因为你出言不逊吧!"

"我说话就这样!"小林不服气地梗起了脖子。

看来小林还没意识到问题的严重性,需要好好开导才行。

"因为出言不逊,你和小梅发生口角,既伤害了她的自尊心,你自己又很生气,双方都有损失;打碎了教室玻璃,你要赔偿;你的右手受了伤,可能影响学习;你在同学们心目中的形象也受到了损害。小梅的损失只有一项,而你的损失有四项,你说你是不是得不偿失?"小林梗起的脖子慢慢低了下去。

"小林,你连续用语言伤害同学,而且与同学打架、发生口角,这样会给同学们留下不好的印象,如果你不及时改正,同学们会认为你语言粗俗而且行为粗暴,一旦他们形成这种印象,想要改变就很难了。要知道,一个人的形象价值千金呢!"小林低头不语。

"小林,学会与人交往很重要,交往的关键在于你的语言和行为,老子说过'美言可以市尊,美行可以加人',一个人有了美好的语言、美好的行为,在人际交往中才会赢得别人的尊重。说话方式体现了一个人的修养,说话要文明,而且要考虑对方的心理感受,这样你才能与同学们友好相处,你才会天天开心,才会拥有越来越多的朋友。"

"可是,同学们都不愿意和我交往,不愿意和我做朋友。"小林沮丧地说。

"小林,解铃还须系铃人,你成绩优异,同学们都很羡慕你,如果你在与同学交往的过程中，能够注意别人的心理感受，语言文明，行为得体，学习上热心、耐心地帮助同学，同学们会慢慢喜欢你，逐渐成为你的朋友。你是个聪明的孩子，同学交往中你一定会表现出色的！"

小林终于笑了："张老师，我能吗？"

"一定能，相信你！"

晚上，我又和小林的父母电话沟通，说明人际交往不利的危害，小林父母认识到，以往只注重小林的学习而忽视了对小林人际交往能力的培养和指导是不对的，表示以后一定把缺失的这一环节及时补上。

第二天一早，小林找到我，满怀信心地说："从现在起，我说话要做到'三思而后说'，语言文明，行为得体，学习上热心、耐心地帮助同学，想不开的事及时找老师解决，保证不再和同学发生矛盾！请张老师监督。"

此后的小林，不但成了学习上的赢家，而且成了同学交往中的赢家。

（张慧琴，山东省淄博市临淄区实验中学）

关心关注，交往"无助"不复存在

"丑女"不丑了

小蕊长得很漂亮，成绩也算优秀，可是一次无意中听到学生聊天，我才知道在同学们的眼中，她却是那么丑。经过仔细了解我才知道，大家之所以认为小蕊丑，不是因为她的长相，而是因为她的言行。

暗中观察几天，我发现小蕊与同学相处时缺少真诚，总想通过与某个同学的"友好相处"来获取一些小利益。比如那天，她突然帮助小志讲解习题,刚讲完就对小志说:"我帮你讲题了,今天你替我做值日吧!"还有一天,她突然对小月热情起来,课间凑到小月桌前聊天,还主动把自己新买的漫画书拿给小月看。后来我才知道,原来小蕊一上午的"友好"只为了中午能和小月他们一起跳皮筋。可小月的几个好朋友居然不让小蕊玩。小蕊瞪着眼睛说:"她还看我漫画书了呢!她带的皮筋,就得让我玩!"

通过观察分析,我发现了小蕊的问题所在,于是和她聊天,告诉她帮助别人不能马上索取回报,那是不真诚的。小蕊委屈地说:"老师,我不马上要回报,他们就永远都不会帮助我,还不愿意和我玩。"听了小蕊的话,我的心一颤,其实她也很孤单,班级几十个学生,居然没有一个与她交好。她带着目的与别人相处固然不对,但这正说明她内心对友谊的渴望,而同学们对她的不友好又让她感到无助。也许正是这种同伴交往中的无助心理促使她产生了强烈的索取回报的想法和做法,结果却适得其反,陷入了恶性循环。

分析了小蕊的心理需求之后,我想,与同伴友好相处的能力还需要在同伴相处中历练,在相处中才能产生情感。于是,我首先告诉小蕊一些人际交往中的基本原则,同学们喜欢和什么样的人做朋友,等等。然后,我悄悄找了几个活泼开朗的女孩,请她们组建一个小群体,与小蕊友好相处,她们欣然同意了。接着,我以编排学习小组为由,将小蕊与这几个女孩分到了一组。我一方面在小组学习中组织小组成员开展互助合作活动,让小蕊体验帮助别人的快乐和被别人帮助的幸福,另一方面指导小组同学与她一起游戏,互帮互助,友好相处。在校园歌曲比赛时,我又组织全班学生为她加油。她获奖了,我们一起祝贺她,拥抱她。在真诚的关怀和祝福中,她流下了感动的泪水。终于,小蕊学会了与同伴友好相处。如今的她,不再是同学眼中的"丑女"了。

(秦庆华,吉林省蛟河市庆岭镇庆岭金城小学)

贴近走近，助孩子走出封闭

羞答答的玫瑰静悄悄地开

新初一军训期间，小雨以皮肤过敏为由请假回家，我试图说服她留下，让她利用这难得的机会与新的集体、老师、同学们相互认识和了解一下，可是小雨坚持说皮肤过敏，又没带药，无法参加军训活动。在与家长沟通后，我只好同意小雨做了第一次活动的"逃兵"。开学后，同学们大多已熟悉，很多学生都有了自己的"哥们"或"闺蜜"，小雨却似乎没有交到朋友，课间、吃饭、午休，她总是一个人或最多只跟自己的同桌或前后排的同学一起活动，甚至连大家期盼已久的秋游活动她都以生病为由拒绝参加。我发现，似乎只要是校外活动，小雨就会在最后时刻请假，或是身体原因，或说家里有事。小雨的请假，总让我感到一种遗憾，为她个人的不能融入集体，也为班集体的不完整而遗憾。

经过观察，我发现小雨很难打开话匣子，爱静静地看书，少言也少笑容。于是，我跟小雨的妈妈进行了一次较为深入的谈话，详细了解了小雨各阶段的成长经历，试图分析她的性格特点，最后得出：小雨性格内向，不善主动与人交流；内向的性格又使她在行为方式上出现不自信、羞怯、离群、喜静等特点，加之青春期学生逐渐发现自己的内心世界，自我意识开始增强，敏感的小雨就把自己包裹得更为严实了。

其实，内向并不是缺点，性格没有好坏之分。瑞士心理学家荣格在其心理学理论中指出："人可以从不同的事物中汲取能量——外向的人可以从和他人的相处中得到能量；而内向的人可以从独自的思考中得到能量。"内向与外向都各有优点，而内向和外向之间也并不是非此即彼的关系，两者存在于一个可以动态调整的范围。于是，我逐步引导小雨正确认识自己的性格优势和这种性格对她未来发展可能不利的地方，并给了她一些具体的改善建议。

悦纳自我，接受并欣赏自己的性格

内向者喜欢思考，善于从思考中学习，甚至通过静思达到创新的目的，他们更善于感悟。我鼓励小雨借助这样的性格优势，为自己赢得更多的思考，积累更多独到的见解和想法，产生更多的体验与感受。

尝试突破，给自己一些"外向"的机会

我建议小雨在课堂上"强迫"自己将对问题的所思、所想表达出来；把自己观察到的、动手操作的感悟分享给大家。如果小雨可以将"主动发言、主动交友"设定成一种任务或计划，那么可测性的目标可以督促自己执行，突破防备心理，通过多练习来调整或改变性格。

巧用"合群"技巧，为自己赢得朋友

小雨话不多，还常常低着头，我就传授她"抬头微笑"和"多听少说"的诀窍。因为在所有沟通方式中，"笑"的感染力是最大的。耶鲁大学的研究发现，"笑"的力量超过了所有其他感情，人们总会反射式地以微笑来回报你的微笑。所以，微笑能够一下拉近小雨和班级同学的距离。此外，多听同学们聊天，也是一种有效的参与和互动，表达了对同学们的尊重和在意。不用过多地说话，对她来说压力也不算太大。

展示才艺，在团队中绽放美丽

每个人都有自己感兴趣的事情，适时展示出自己的才艺，也能够吸引

班级人际关系出现矛盾怎么办？

趣味相投的人主动前来交朋友。小雨虽然声音小，但歌声很甜美。音乐课上老师让同学们按学号用音乐的方式介绍自己，小雨用歌声赢得了很多同学的掌声。所以，我鼓励她在大合唱时成为班级主唱之一，在元旦、艺术节等活动中也积极与同学们配合练歌。舞台上绽放出的美丽，让小雨自信了不少，她也在练习和磨合中将自己融入了群体。

两年多的时间过去了，小雨虽不能像一些性格外向的同学那样在交流中侃侃而谈，在玩闹中开怀大笑，也没有朋友三五成群，一呼百应，但她已经是我们集体中不可缺少的成员了。课间，她会腼腆地对同学和老师微笑；课堂上，她能鼓足勇气后举起手；舞台上，她能略带紧张地和伙伴们一同演出；课外，她再也没有找借口不参加集体活动了。

小雨就像一朵羞答答的玫瑰，在群体中静悄悄地绽开！

（沈磊，江苏省南京师范大学附属中学新城初级中学）

疏导＋"强制"，助孩子走出封闭

高一上学期快结束时，铭转学到了我们班。我很快发现，身为男孩的铭却像个害羞的小女生，一句话不说，一动不动。与他妈妈交谈后得知，铭的妈妈是当地一名企业家、女强人，非常能干，也很能说，而铭的性格却像爸爸——不爱说话，不太好动，喜欢看书，能在屋子里独坐一天都不挪地儿。本来父母觉得孩子这样没什么不对，但铭的堂姐最近突然患上了精神方面的疾病，无法与人接触。这让铭的妈妈担心起来，因为铭和堂姐很像。所以尽管铭不愿意，他妈妈还是坚持让他转了学，想让铭开朗起来。

我想，像铭这类天生性格过于内向、封闭的孩子，空讲道理是行不通的，他心里可能什么都明白，但行动上却总是无法自我突破，只有靠外部环境的帮助和师生的外力牵引，才可能帮助其渐渐走出自我封闭的圈子。经过一番深思熟虑，我采取了几项措施。

创造环境，安排"友善"的同学

首先，我给铭安排了一个性格比较开朗也比较随和的同桌，然后为他选择了一个非常理想的宿舍——宿舍里几个男生都热情待人，做事细致而有耐心。我提前和他们说了一些铭的情况，比如他不爱说话，不熟悉环境，希望大家有什么事、参加什么活动都尽量带着他。这些孩子都表示会尽量照顾他，帮他尽快适应新环境。

接着，我和铭沟通交流。我先否定了他妈妈的怀疑，我告诉他，一个人因性格内向而不爱说话、不喜与人交往是正常的，没什么大问题，更不是有病。然后我跟他说，我并不赞成他妈妈给他做的转学决定，因为转学与否的决定权应该属于孩子自己，但现在已经转学了，就要努力让他适应新环境，尽快融入集体，哪怕只是做出个样子来打消妈妈的担心和顾虑也是好的；虽然我不支持他妈妈的做法，但是我理解他妈妈的心情，我也希望他理解妈妈的担心和做法。他一直安静听着，没什么反应。

过了三天，铭来找我，说想回家。其实我感觉到了这三天他的痛苦，同学们虽然都很照顾他，该做的事都做了，可他就是不愿意和大家说话，虽然往返教室与宿舍之间时，他一直和同宿舍的一起走，但却没有交流。这次他请假回家，我同意了，但我先和他妈妈做了沟通，达成一致，并让他妈妈不要过多询问他在学校的情况，给他一个心理缓冲期。

制造机会，适当"强制"交往

当铭再次回到学校时，我又和他聊了一次。他告诉我同宿舍的同学对他非常好，尤其是宁和博，总是和他一起来一起走，但是他总不知道应该和他们说什么，所以就什么都不说。我告诉他这样可不行，并给他规定：

班级人际关系出现矛盾怎么办?

"你必须要和同学们说些什么,我给你一个本子,用来记录你和大家说的每一句话,你一天至少要和五个人说话,至少要说十句。"他很为难地答应了。后来我每天都查看他的本子,当他有了进步后我又要求他多开口,增加说话次数,就这样,他和周围的人、同宿舍的人接触多了,说话也多了。

过了一段时间,我觉得应该把他的交往面再扩大一些。当时我正在班里开展"每日一语"活动,每天早晨我会在黑板上写一句话来鼓励大家。我决定把这项任务交给铭,并在班里宣布:"我现在很忙,没有精力继续做'每日一语'了,我把这项工作交给铭做,以后他每天在黑板上抄一句话给大家看。"一下课铭就找到我说:"我做不了!"我鼓励他说:"没有问题,你肯定能行!"他说:"我不知道该写什么。"我说:"以后每周一我会给你这一周要写的东西,如果我忘记了,你可以征求其他同学的意见。"他做得非常好,有时我故意"忘记",他要么自己准备,要么就向好朋友求助。久而久之,他与同学们的交往越来越多,状态也逐渐好起来。在此期间,他的默默付出赢得了大家的认可,被评为"奉献之星",寒假前我为他颁发了"班级突出贡献奖"。

直到一年后的一次班会上,他终于主动向我提出不想再负责"每日一语"了。我很高兴,这对他来说是一个突破,能够在班会上公开用语言而不是沉默和无动于衷来拒绝老师,说出自己内心真正的想法,表明他已经彻底走出封闭。

在与铭的交往中我深切体会到,对于有些学生,只有帮助是不够的,还要在适当的时候加上一些合理的"强制"手段,在疏导的基础上适当给他一些任务,他在完成任务的过程中就实现了自我突破,一旦他突破了自我,任何问题就都不是问题了。

(李红波,河北省保定市第三中学)

同班同伴，集体氛围不容忽视

新班交友"三部曲"

接手新班，开学初的第一紧要事是让学生尽快熟悉周围的同学，喜欢上我这个陌生的老师，于是，有趣的"交友三部曲"开始了。

比比谁的新朋友多

开学第一次班会课上，我把全班学生的名字呈现出来，让孩子们一起认一认，以便对彼此有个粗略了解。接着，我宣布开展一项特殊比赛："我们用一周的时间来比一比，看谁认识的新朋友多。你只要走到他的面前，能叫出他的名字就可以了。谁认识的同学多，谁就能获得奖品！"

孩子们欢呼雀跃，看来，这种竞赛形式有效地激发了他们的兴趣和主动探索的欲望，而我则期待着互相认识能让他们主动沟通感情，在这个陌生的环境里获得温暖和力量。

接下来的几天，孩子们一下课就三三两两地聚在一起，有的聊天，有的一起玩游戏，有的一起看书……此时此刻，他们知道的，何止彼此的名字呢？我窃喜，并时不时地推波助澜：

"A，你们宿舍的几位同学，你都认识了吗？"

"B，你今天又认识哪些新朋友了？"

周五的晨会课上，我们开始评奖了。孩子们眉飞色舞地宣布自己认识了多少新朋友，只有丹丹怯怯地举起手，说她只认识她的同桌。

山不过来，我就过去

通过一周的接触，我发现丹丹看似内向，但其实是个懂事、能干的孩子。小小年纪，不仅能写一手好字，而且画画特别出色，做事也很有条理。按理说，应该会有很多同学愿意跟她交朋友才对。疑惑中，我记起开学第一天丹丹妈妈特意对我说的话："老师，我们对丹丹的期望很高，你一定要严格要求她！"看来，过高的期待让丹丹背上了沉重的心理负担，不仅遏制了孩子活泼好动的天性，更让她幼小的心灵变得迷茫、沉重。

第二周，新一轮的有奖交友比赛应运而生——"谁是丹丹最要好的朋友？"一下课，很多孩子都围到丹丹身边，有的邀请她一起出去玩游戏，有的把自己最喜欢的书借给丹丹看，有的帮丹丹扎起可爱的小辫子……。孩子们表达爱的方式虽然稚气，但被爱包围的丹丹终于露出笑脸。也许，友谊的种子已经悄悄扎下了根。

周五晨会课上评选"丹丹最要好朋友奖"，我问："谁是丹丹最要好的朋友呢？"全班同学几乎都举起了手，可是，唯一的评委是丹丹。丹丹似乎左右为难，不知道选谁才好。于是，在我的提议下，我们用一节课的时间，开了一次名为"好朋友，手牵手"的班会，和好朋友一起展示才艺。孩子们有的一起唱歌，有的一起背诵《三字经》，有的邀请同学一起玩游戏……。丹丹和同学们一起开怀地笑着。欢笑声在教室里此起彼伏，学生之间的陌生感也在欢笑声中渐渐消融。

"幸运杯"和"火眼金睛"

一转眼，一个月过去了。学生之间的朋友圈相对固定下来。怎样让他们发现更多同学的优点，结识更多的朋友，增强他们的集体归属感和荣誉感呢？我们又玩起了"幸运杯"和"火眼金睛"游戏。

每天的晨会课上，我都会拿出装着全班学生名字的小铁盒，随机抽出一个孩子的名字，接着，请全班同学一起来夸夸他／她，找找他／她身上的优点。第一次，我偷偷把写着丹丹名字的字条藏在手心，假装抽到的是丹丹，让全班学生一起夸赞丹丹。

"有一天在宿舍，我找不到牙膏了，丹丹主动借牙膏给我。"

"丹丹画的画最棒，美术老师经常表扬她。"

"丹丹很有礼貌，我们递东西给她，她都会说'谢谢'。"

……

听着同学们对自己的肯定，丹丹不好意思地笑了。

不用说太多的大道理，几个有趣的交友小游戏既让孩子们体会到了游戏的乐趣，又不着痕迹地让他们主动结交了新朋友，更激发了孩子们的自信心。相对于小学生，尤其是低年级的孩子，这样的交友小游戏，不正发挥着四两拨千斤的作用吗？

（古良梅，北京新东方扬州外国语学校小学部）

班级人际关系出现矛盾怎么办?

同学交往的原则与技巧

一 遵循交往原则

1. 拒绝虚伪,坦诚相待,互相理解、接纳与信任。
2. 维护自己的人格,尊重他人的人格、习惯与价值。
3. 拒绝斤斤计较,学会宽容、克制和忍耐,包容与自己意见不同或有矛盾的人。
4. 善于站在对方的立场考虑问题,尽量给他人以关心、帮助和方便,避免把自己的意志强加于人。
5. 互相帮助,互相酬谢。
6. 说真话,不说假话;言必出,行必果;不轻易许诺,不说大话;承诺的事一旦无法完成,要及时讲明原因,争取谅解。

二 掌握交往技巧

1. 倾听别人讲话时,不要轻易插嘴,不要无缘无故打断别人的谈话,要善于抓住对方话语中的重点,同时做出适当回应。
2. 坦言自己的看法和内心的真实感受。
3. 争辩要有意义,无意义的问题不辩论;争辩要有度量,要尊重人格,平等说理;争辩要有分寸,避免使用过激的或尖刻的话语,避免算旧账、揭人短等。

4. 真诚地与人交往，由衷地赞美对方的优点。

5. 接纳、容忍别人不同的见解，尊重他人做与自己不同事情的权利，不因他人的习惯与自己不同而厌恶对方。

6. 知己知彼，参照他人的评价修正自己的言行，透过言行了解他人的真实想法。

7. 增加交往频率，主动找同学聊天、讨论问题、交换意见，积极参加集体活动。

8. 随和不等于放弃原则，迁就不等于予取予求，坚持正确立场，信守正确原则。

（王新平，河南省周口市沈丘县纸店镇第一初级中学）

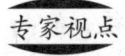
专家视点

让学生学会交往

个别学生不善与同伴交往怎么办？乍听这个问题，很多人都会把目光集中到"个别学生"身上，认为这些学生自身有问题，我们要"集中力量"改变他们。

对于这个问题，我想了很多，也接触了一些"不善与同伴交往的学生"，还追踪访问了一些当年在学校里不善与同伴交往的学生，了解了他们进入社会后的生活和工作情况。思考的结果如何呢？我想用几个案例加以说明。

 班级人际关系出现矛盾怎么办?

一 谁把他困在"网"中央?

小 A 是个十一岁男孩,只上了三年小学、两年初中,同龄人还在上小学六年级时,他就升入了高中,成为全年级年龄最小、个子最矮的学生。他就如驼群中的小羊一般,孤单落寞,根本融不进集体;就像一只飞虫,被困在网中央。

学校开展阳光体育一小时活动,每天跑步三千米。同学们排着整齐的队伍,随着优美的音乐享受着跑步的快乐;小 A 吃力地、迈着大步跑着,还是跟不上队伍。您也许会问,为什么不因材施教呢?不让他跑三千米就可以了。那让他干什么呢?游戏是随着年龄的增长不断升级的,他喜欢的游戏其他同学不喜欢,那些小儿科的玩意人家早已经玩过了;同学们喜欢的游戏他也不喜欢,即使他喜欢篮球、足球、乒乓球、羽毛球一类的运动,他也参与不进去,过于悬殊的年龄和身高差异,使他成为校园活动、学生游戏的旁观者!

小 A 的班主任说,一开始,同学们觉得好奇,还主动和他交往,时间长了,新鲜劲过去,大家就不再理他了。仔细分析这是有原因的,随着年龄的增长,人生的快乐在升级,苦恼也在不断升级。十五六岁的男生女生已进入青春期,他们都有自己的小秘密,需要互相分享。一个十一岁的懵懂顽童能够懂得青春期孩子的心事吗?当然不懂。在同学们看来,他就是一个"小屁孩",充其量把他当成一个小弟弟而已,没有人与他分享自己的秘密。大孩子的心事他不懂,他的心事大孩子懂吗?懂,但不在意。因为他的苦恼别人都经历过,已经看得云淡风轻。所以,这个夹杂在大孩子中的小孩子,心灵是非常孤独的!

类似的例子很多。小 C 是一个瘦弱聪明的小女孩,连跳两级,九岁就上了初一,背着大书包独来独往,她不会和同学交往,动不动就哭,她越哭同学们就越远离她,甚至斥责她"有什么好哭的"。好心的班主任每天带着她,护着她。三年中,她就像班主任的小尾巴,紧紧地跟着班主任,让人既羡慕又怜悯。

同学是人生的宝贵资源，"发小""闺蜜"大多由同学"升级"而来，而这些和同学玩不到一块、说不到一起的低龄学生，恐怕没有真正意义上的"同学"，他们有的只是"一同上学的人"而已。

这些因为不想输在起跑线而被迫提前起跑的孩子，被裹挟在大孩子群体中，显得幼稚；真回到同龄人之中，又显得成熟。物以类聚，人以群分，这些"非我群类"的孩子不可避免地成了"不善与同伴交往"的个别人。这是谁的错呢？是家长的错，是拔苗助长惹的祸！

那该怎么办呢？我只想告诉这些"急性子"的家长：花开应有时，尊重规律，循序渐进，让孩子"按部就班"地成长！切勿急功近利、拔苗助长，否则可能事与愿违，赢在起点，却输在终点。

二 为何越思越想越迷茫？

小 D 是一个 17 岁的高中生。他没有同龄人的天真和热情，却有一种与年龄不相称的"老练与成熟"，班级纪律、集体荣誉、批评表扬，他全不放在心上；他也很偏激，像一个"老愤青"，怀疑一切，否定一切，与周围的人格格不入，每天独来独往，成为同学、老师眼中的"怪人"。为什么会这样呢？这和家长的教育有关。父母担心他幼稚单纯被人欺负，就经常给他讲一些"社会复杂""人心险恶"的故事。听得多了，小 D 觉得社会上都是坏人，人与人之间都是相互算计、相互利用的。于是，他对老师、同学都存有戒心，与同学们越走越远，人际交往出现困难，自己也陷入了迷茫之中。

家长是孩子的领路人，也是孩子一生的导师。家长的人生经验对孩子的成长非常重要，但是成年人的经验如果过早、过多、过于直接地"植入"孩子的生活，就是另一类型的拔苗助长，对孩子的人际交往未必是一件好事。

对这些因为"早熟"而不善与同伴交往的学生该怎么办呢？大人生病，孩子吃药，一味地责备孩子，这既不公平，也没有效果！如果饭桌上的话题不变，孩子的思想和行为方式也不会改变，希望家长在与孩子沟通的时候，选择一些积极快乐的事情，教育孩子看问题要全面，给孩子注入一些正能量，让高中生能全面而辩证地看待问题。

三 你是否知道她心伤？

小 E 是一个聪明可爱、爱说爱笑的女生，个子矮小、声音清脆，长着一张娃娃脸，像一只快乐的小鸟，同学老师都很喜欢她。高一刚刚入学时，她和同学们关系非常好，上课发言积极，各项活动都踊跃报名，但慢慢地，她那招牌式的笑容没有了，人变得沉默寡言，与同学关系越来越疏远，成绩开始下降。

怎么回事呢？原来同学们给她起了一个外号"娃娃"。开始只在宿舍里叫，后来在班里也叫，渐渐的全班同学都知道这个外号了。小 E 不喜欢这个外号，因为个子矮、娃娃脸是她最大的苦恼。她因此非常自卑，最讨厌别人对她说："你上几年级呀？""你真是高中生吗？看起来像一个小学生"。

小 E 不喜欢这个绰号，又不想和同学们把关系闹僵，就只好远离大家，独自一个人伤心；同学们不明就里，反而把"娃娃"当成昵称挂在嘴边，喊得震天响。

怎么办呢？我认为这件事没有谁对谁错，也无须指责谁、改变谁，只要把他们各自的感受告诉对方就可以了。我悄悄告诉小 E，大家没有恶意，因为喜欢你才叫你"娃娃"；我偷偷告诉她同宿舍的人，当着矬人不说短话，人家个子矮，你们就叫人家"娃娃"，你们没有恶意，但人家听着能舒服吗？同学们恍然大悟。从此再无人叫她"娃娃"了，小 E 又成了那个快乐热情人见人爱的女孩！

表面看来是小 E 不善与同伴交往，其实真正不善与同伴交往的是给她起外号的那些人。作为教师，要透过现象看本质，只有找到病源，才能对症下药、药到病除；千万不要说："大家都不和你交往，那一定是你有问题。"

四　我怎么舍得你伤心？

小F父母要到城里工作，已为他联系好学校，但上初二的小F坚决不走，执意要留在家乡上学，等中考完了再进城上高中，为此和父母顶起了牛。

我对小F说："来城里上学多好啊！"他说："我知道城里好，但我那里有朋友，这里没有朋友。""这里也会有人成为朋友呀！""那不一样，我从小学到现在，已经转三回学了，每次转学，进入一个班级都很不舒服，很伤心。""上高中再来城里不是一样吗？""不一样，大家一起入学，谁都不认识，很容易成为朋友。"

小F的感受是真实的。这些中途转学的孩子，就好像离群的孤雁，陌生的环境、陌生的教师、陌生的同学、不一样的教学进度和教学方法，使他们落入茫然无措、孤立痛苦的深渊，一瞬间从"王子"变成"青蛙"，原来的优势、自信消失殆尽，出现交往困难在所难免。

如何让中途转入的学生迅速融入班级呢？班主任先要给这些中途转入的学生介绍一下班级情况，让他们对班级有所了解；进班之时，举行一个小小的欢迎仪式，让他们感受集体的温暖；安排一个热情友善的同桌，给他提供必要的帮助，让他感受到同学的友爱；创造展现才华的机会，让他们参与到班级活动中来。如此一来，这些"外来客"很快就能融入集体，成为班级建设的新亮点，而不会成为游离于集体之外的"独行侠"。

"交往困难症"也有"易感季节"和"易感人群"，我怎么舍得你伤心？要想不让这些中途转入的学生成为离群的孤雁，就要主动向他们张开欢迎的双臂！

五　如何才能走近你？

小H的妈妈找到我，说孩子最近光看电视，半夜还在上网，而且特别爱打扮，不写作业还顶撞老师，和一群不爱学习的孩子混在一起，成绩直线下滑，一个乖乖女变成了小刺猬……

我约小H聊天，她说："我很孤独，在班里没有朋友，也不会和同学们交往。以前光顾着学习，不看电视也不上网，对于明星、流行歌曲、热播的电视剧一无所知，就像个傻子一样。课下，同学们聚在一起聊天，我都插不上嘴。我现在上网看电视，就是为了走近他们，和他们成为朋友……"

小H的困惑和做法在中学生中很有代表性。交往是需要有"交集"的，没有共同语言怎么能够交往呢？

我告诉小H："朋友之间谈话的内容可以很多，他们谈明星、歌曲，你不知道，这很正常。尺有所短，寸有所长。你喜欢看书，可以和他们分享你读书的快乐；你喜欢学习，可以帮助同学解答学习的疑惑。一味附和别人、屈从别人，永远找不到真正的朋友。想找到真正的朋友，就要让自己变得更加优秀，当你能够带给别人快乐和帮助时，朋友就会来到你身边。不要因为害怕孤独，就随波逐流，放弃自我。"

一个学期后，我又见到了小H，她高兴地告诉我："老师，我现在有很多朋友，我组织了一个学习小组，我是组长，我们一起读书交流，特别快乐。"

人是社会的人。交友很重要，择友更重要。教师不仅要引导学生交友，更要引导学生择友。

六 请为我点燃一盏烛光！

有段时间，小L是心理咨询室的常客，她只问一个问题："我怎样才能找到真正的朋友？"

我问她："你认为什么样的朋友才是真正的朋友？"她说："情投意合，每天一起学习，一起聊天，一起玩。""高三这么紧张还有时间玩吗？""有啊！课间就可以，可是我的同桌每到课间就趴在桌上睡觉，我和她聊天她都不理我……"

班主任说:"小L就是一个以自我为中心的人,她每天追着我给她换座位,换了一个又一个,越换越不满意。什么同桌不给她讲题、不陪她散步、不和她说话,等等,理由很多。更难办的是全班同学都不愿意和她同桌,说她打扰别人学习。"

一次体育课后,小L满头大汗地来到办公室找我。我对她说:"我特别想去跑步,陪我去跑几圈,边跑边聊。"她说:"老师,我很累,咱别去了。""就陪我跑两圈还不行吗?""我一圈都跑不动了。""你真不够朋友。"我模仿着她的腔调说。她愣了一下。

我问她:"你平时和同学交往是这样的吗?你希望同学满足你的要求,却从不考虑同学的感受。交往是相互的,只索取不付出是不行的。以后你给同学提要求之前,先帮同学做一件事。做了事再提要求,没做就不要提!"

她似懂非懂地走了,很久没有再来。班主任告诉我:"现在她有一个不错的同桌,住在同一个小区,她们一起上学放学,还经常见到她给那位同学打水、买饭,也经常看到那个同学等她一起回家。"

我很欣慰,只要她找到一个朋友,她就冲出了人生的迷雾,走出了交友的困境。

社会是一片海,人生如一叶舟。在漫长的旅途中,偶尔偏离一下航线,迷失一下方向,没什么大不了,不需要大惊小怪抛锚停船,只要为她点燃一盏烛光,帮她调整一下方向就好了。

七 到底是谁迷失了方向?

小J是一个性格内向的女孩,平时不喜欢说话,安静得犹如一滴水,当然也不怎么和同学交往。她妈妈是一个直言快语的"大嗓门",第一次家长会就叮嘱我,让我开导开导孩子,让她多与同学交往,否则将来走上社会会吃亏的。

我没有立刻找小J谈心,而是认真观察小J的行动。她做事循规蹈矩,有板有眼,独来独往,的确不怎么和同学交往,但她似乎很享受这份孤独。

班级人际关系出现矛盾怎么办？

我问她为什么不爱说话，她说："我从小就不爱说话。我爸爸妈妈都特别爱说话，每天都说个不停，我习惯了听他们说。"我又问她："你喜欢什么样的同学？"她说："我喜欢做自己的事情，不给别人添麻烦的同学。"

她就是这样一个女孩，没有闲言碎语，没有是非争论，安静地坐在座位上，似乎与任何人都没有交集。但是，人群中最安静的那个人往往是最有实力的，期末评比，她居然被评为三好学生，而且是高票当选。

又一次见到小J妈妈，她又提到孩子不爱说话、不会与人交往的事情，我告诉她："沉默是金，交流的方式很多，交往的方式也很多，小J是一个很会与同学交往的人，在同学中很有威信。"

到底是谁迷失了方向呢？世上本无事，庸人自扰之。交往本是一件很简单的事，形影不离是交往，若即若离也是交往，甘若醴、淡如水都是交往，不要强求一律，而要懂得欣赏。

八　与高人为伍，与智者同行！

小K是一个有理想的人，因为偏科，总体成绩并不理想，只考上一所三本院校，但他选择了自己喜欢的专业。

升入大学不久，我接到了他的电话。他说："很多同学逃课，室友整宿打游戏。同学们拉我去玩，我不想玩，但又不好意思拒绝。我有自己的目标，但要坚持很难。我似乎成了校园中的另类，显得很不合群……"

我告诉他："'道不同，不相为谋。'既然选择了远方，就要风雨兼程。你有自己的目标，而且坚信这个目标是正确的，那就坚持下去。在人生的漫漫长途中，有时候孤独不可避免，学会承受孤独是人生的必修课。董仲舒三年不窥园不孤独吗？陈景润躲在几平方米的小房间里攻克数学难关不孤独吗？郎朗每天在琴房里练琴不孤独吗？所有成功者都经历了'独上高楼、衣带渐宽'的过程，而伴随这个过程的就是艰苦和孤独。"

"猛虎是独行的，雄鹰是单飞的，因为它们够强大。当然，如果虎落平阳，那就威风扫地了。你若是猛虎，就赶紧去寻找属于你的山林……"

金鳞岂是池中物，一遇风云便化龙。他明白了，不再为交友的问题苦恼，大学四年他过得很充实，后来考上了一流大学的研究生，这时他惊奇地发现，原来"志同道合"的朋友都在这里等着他呢。

广交朋友是对的，但想让人人都成为自己的朋友也不可能。让我们秉承圣人"道不同，不相为谋"的古训，去觅知音，交挚友，与高人为伍，与智者为邻！

个别学生不善与同伴交往怎么办？我的结论是：全面了解，合理归因，包容理解，适当引导，营造良好的班级氛围，创造多元的交流机会，让学生在交往中学会交往，在交往中感受友谊的珍贵和生活的美好！

（田丽霞，河北省石家庄市第四十二中学语文教师，全国优秀教师，全国十佳班主任）

7 学生热衷网络交友,怎么办

客观认识网络交友的性质与利弊

不必谈"网"色变

从情理上说,中学生正值十几岁的花季,心智发育尚未完全成熟,对是非的判断能力还不够,加上自控能力差,一旦沉溺于虚拟世界,确实存在较大安全隐患。但我认为,如果据此就断定中学生经由网络交友就一定存在问题,并且千方百计地想割断两者之间的联系,显然是不现实和不明智的。事实证明,只要我们不戴着有色眼镜看待中学生和网络,就完全没有必要对网络交友这一现象草木皆兵。

首先,现在的中学生并不像我们想象的那样天真幼稚。事实上,他们通过对现实生活的观察、大量的阅读和浏览网络等途径所获得的知识和智慧并不少,大部分学生遇到问题还是很谨慎明智的。据几年前一项覆盖北京、上海、广东等10省(自治区、直辖市)的"国内中学生网络交友调查报告"显示,约半数的中学生倾向于选择"坦诚""幽默""文明"的人作为自己的网友。可见他们对网络是有一定了解的,对网络交友也有起码的戒备心和自己的原则,而且还有相当的品位。所以,对现在的孩子基本的美丑、是非判断能力,我们大可不必杞人忧天。

其次,从中学生网络交友的动机来看,为数不少的人认为有些话不便跟父母、老师讲,向网友倾诉后会感到轻松和宽慰,能释放心理压力。可见他们交友的动机是单纯的,目的是明确的——就是想借助网络这个虚拟世界，通过一个陌生朋友的关怀（也可看成是与另一个自我的对话），来缓解、释放内心的压力。学业的重负、老师和家长的热切期望以及不够理解、体贴等，形成了无形的"泰山"，压得他们喘不过气来，现实环境中又找不到宣泄情绪的有效渠道，只能将目光转向网络。当然，也有极少数出于无聊寻求刺激的学生需要我们予以重视。因此，我们不能一看到孩子上网聊天就认定他们不懂事、不听话，开始担忧焦虑，不知如何是好，这种基于成人逻辑的判断在某种程度上虽可理解，却是缺乏根据的，更不能成为严控、死堵孩子网络交友的理由。

最后，我们还得承认一个事实，那就是中学生在网上结交的朋友中有很多其实就是经历和想法与他们相似的中学生；还有一些成年人文明程度和综合素质很高，积极关注国计民生，有爱心，社会责任心和正义感都很强，对弱势群体特别是涉世尚浅的中学生是极力保护的，所以跟这些人交流还是相对安全的。

当然，网络毕竟是一个人心难测、鱼龙混杂的大江湖，中学生若热衷于在网上与陌生人沟通交流，肯定会有不少潜在的危险。因此，我们应该及时告诉他们网络是怎样的一把双刃剑，过度滥交网络朋友可能会对他们的人生产生怎样的负面影响，从而更有耐心地引导他们科学上网、谨慎交友。与此同时，我们还必须加强自我反省，充分理解学生的处境和苦恼，力所能及地给予他们关爱，努力和他们做可以交心的朋友，这样才会让他们感受到身边的温暖，不再觉得网络才是慰藉他们的唯一平台。

综上所述，在现今的网络时代，只要我们真正走进孩子的心灵世界，尊重他们，理解他们，信赖他们，呵护他们，同时时刻绷紧网络安全教育这根弦，就大可不必谈"网"色变。

（杨一成，江苏省海安双楼中等专业学校）

正向引导，介绍功能

我教学生聊 QQ

作为班主任，我们该如何利用互联网让学生正确交友呢？我做了以下几方面工作。

教会学生使用聊天工具

目前网络交友的工具很多，其中 QQ 和微信是普及率比较高的工具，但学生往往只知其聊天功能，而不知它们还有其他功能。作为班主任，我充分利用班会课为学生讲解了 QQ 的一般功能，除聊天之外还有收藏、搜索、群聊等功能，其中重点讲解了 QQ 的"说说"功能和"空间日志"功能，同时我建议学生每天将自己的所思所想变成文字，放到自己的空间里与他人分享，并鼓励学生为本班同学的"说说"和"空间日志"点赞或评价。由于每天有很多"好友"点赞或点评，学生写日志的积极性得到了极大提高，有不少学生的写作水平也得到了提升。在全国"中学生与社会"作文大赛中，我班有多名学生获得一等奖。

引导学生正确交友

第一,教育学生树立正确的网络道德观。在网络上,一些学生由于心灵空虚、没有人生目标和远大志向、价值观念偏移,容易被骗被伤害。只有加强自身修养,树立正确的价值观,知荣辱、明是非,才能抵挡住网络的各种诱惑,远离网络交友陷阱。

第二,教育学生端正网络交友态度。教育学生一定要把握住网络交友的三个维度:一是广度,指交往的范围,包括交友对象的多少、时间的长短等。对于中学生来说,交友对象并不是越多越好,网络交流的时间要适度。二是深度,指交往的程度。应根据相互交往的感情状态、人际关系的层次类型等来确定交往深度,如说些什么,说到什么程度,做些什么,做到什么程度,都应掌握分寸。三是适度,是指交往中要学会适可而止,遇到相约见面或涉及金钱财物等方面的问题时,应该立即停止交往。

第三,教育学生化虚为实。要让学生明白网络交友只是众多交友渠道之一,应将网络交友与其他交友途径结合起来。在自己遇到问题时,最好找身边的同学、老师或父母解决,而不能寄希望于网友。

第四,教育学生增强防范意识。提醒学生在网络交友中要注意保护个人隐私,增加防范意识;教学生学会辩证地认识、分析网络上的各种信息,对交往对象形成正确认知;提醒学生注意学习各种网络安全知识,关注网络安全发展动态等。

建立班级聊天群,进行正向引导

每新接一个班,我都会为班级建立一个QQ群并邀请学生进入班级群,目前为止已建立十多个群。班级群建立后,我会在群里给学生以积极的正面引导,如经常分享一些美文,教一些学习方法、生活技巧或技能;经常从班级实际出发,发一些话题让他们讨论;把日常的班级活动或要求以

"群公告"的形式发布出来等。此外，我还建立了群相册，把学生日常的学习和生活照片放到相册里，便于他们以后浏览和回忆。对于个别学生的思想问题，我也会通过QQ进行单独交流，久而久之，很多学生遇到问题首先想到的是与我这个班主任交流，这样，我成了他们最好的网络朋友。

互联网已经深入我们的生活，作为班主任，我们必须适应时代的要求，不断探索互联网时代的教育方式，才能与时俱进，教育好学生。

（徐伟，江苏省扬州市邗江区公道中学）

治标更要治本

新学期，小A从外校转入我班。她沉默寡言，几乎不与同学交往，课堂上也精神萎靡。我多次找机会和小A交谈，她却表情冷淡，总是用最简单的几个字回答我的问题，没有交流欲望，始终处于一种自我封闭的状态。小A爸爸总是车接车送，小A在校不与老师同学交流，上学放学不与同学接触，她何时才能融入班集体，开朗起来呢？

我和小A爸爸约好时间专门交流孩子的问题。我开诚布公地提出，希望小A爸爸大胆放手，让小A上学放学和同学们一起走，增加她和同学们交流的时间与机会。小A爸爸犹豫了一下，见我态度诚恳，便道出了实情。原来小A热衷于网络交友，初一时曾因见网友而离家出走，这也是小A转学后爸爸车接车送的原因。

原来如此！

"治标更要治本啊！现在的关键问题是了解小A热衷于网络交友的原因，并转移她的注意力。在家你们采取了什么得力措施？"我问小A爸爸。

小A爸爸苦恼地说："张老师，我们限制了小A上网的时间，规定上网不许交网友、不许跟网友聊天，但小A还有一个一岁多的妹妹，小A上网时我们也无法全程陪同，估计她仍偷偷摸摸地和网友聊天。"

"你们目前只是关注了小A的身体状况，但未关注她的内心！"我提醒小A爸爸。

"是啊，可我们实在没有别的好办法。"小A爸爸愁眉苦脸，束手无策。

快速思考后，我问小A爸爸："小A在学校沉默寡言、表情冷淡，她从小就是这样吗？"

小A爸爸的脸上终于浮现出一丝笑容："张老师，她小时候可不是这样！她小时候活泼可爱，人见人爱啊！可现在……"小A爸爸的脸色又黯淡下来。

"据你观察，从什么时候开始，小A发生了变化？"我追问道。

"好像最近几年吧。"小A爸爸说。

"是有小妹妹以后吗？"我继续追问。

思索片刻，小A爸爸点头称是。

谜团终于解开！

"我想小A的陡然改变，是因为你们夫妇天天围着小妹妹转。原来你们的全部精力都用在小A身上，而现在，你们把几乎百分之百的精力转移到了小妹妹身上，小A肯定感觉你们更爱小妹妹，她就像从幸福的天堂突然跌入了冰凉的万丈深渊，心理落差很大，非常失落且孤独无助。在家庭中找不到温暖，她就只能借助于虚拟网络，通过网络交友寻求心理安慰和满足。"我给小A爸爸剖析原因。

"可是，张老师，尽管有了小妹妹，我们还是非常爱小A啊！她要什么我们买什么，而且买最好的，一双鞋就几千元，有求必应啊！"小A爸爸非常不解。

"可是你们的爱，小A并没有体会到啊！爱孩子，不仅仅是物质的满足，更重要的是呵护孩子的内心，及时和孩子进行心灵沟通！有了小妹妹后，你们单独和小A交流过吗？单独带小A出去玩过吗？"

小A爸爸摇摇头。

班级人际关系出现矛盾怎么办？

"在小A心目中，你们的爱全部给了小妹妹，所以她只能借助网络交友寻求心灵的慰藉。"

"张老师，您说得有道理，现在还有办法补救吗？"小A爸爸如梦方醒，急切地问。

"很简单，白天，你们把精力花在小妹妹身上，晚上和周末，你或者她妈妈，你们其中一人只关注小A，和小A共同学习，一起郊游，共读名著并交流心得，让小A体会到尽管有了小妹妹，她仍然拥有父母的关爱和呵护！父母的爱能使孤独无助的孩子获得心灵的慰藉，爱孩子，就要大声说出来，就要尽情展示出来！家里爱意融融，充满温馨，孩子何必到网络上寻求虚无缥缈的温暖呢？"

小A爸爸心悦诚服。我趁热打铁，和小A爸爸商定了转变小A的计划。

一个月后，小A终于有了可喜的变化：脸上有了久违的笑容，还和班长成了闺蜜，课间也有说有笑。活泼可爱的小A又回来了！

（张慧琴，山东省淄博市临淄区实验中学）

顺时应势，借网施教

自从四年级我引导孩子上网查资料以来，班上很多孩子对上网乐此不疲，聊天、玩游戏、听歌、看动画片等。但平时上网只聊天或查资料而不玩游戏的孩子占绝大多数，大多上手机QQ，一半以上的学生有固定的网友，他们认为聊天也有所收获。每个周末，我与孩子们相聚于我们网上的"家"——"温馨港湾"群聊。每当孩子出现慵懒、倦怠、厌学的情绪，我们都会给予鼓励和劝慰。离毕业考试越来越近，我们聊天的内容也越来越乐观上进。当我们取得好成绩时，我第一时间把成绩公布在群里，同学们都不约而同地点赞，并给对方一个热情的"拥抱"。

在班级群聊中，我发现父母在身边的孩子很少上网聊天，而留守学生则热衷于网聊。大概是因为他们平时缺少关爱、缺少支持、缺少赞扬、缺少快乐，只有通过上网聊天来弥补情感上的空白。对于这类孩子，我通常都用小窗口给他们"开小灶"，选阳光的句子赠予他们，毫不吝啬地赞扬他们的优点，用无微不至的爱去滋润他们。慢慢地，他们也开始减少上网时间，只在规定的时间内上网，其他时间则用来学习、做家务等。

或许有人会质疑，作为老师，带头让学生上网聊天玩游戏，你这不是误人子弟吗？我只想说，我不想让我的学生成为新时代的文盲，也不想让我的学生在懵懂中因为好奇而沉迷于上网聊天，甚至走上网络不归路。在科学不发达的古代，人们曾幻想足不出户而知天下事，如今信息高速公路已将幻想变为现实，作为21世纪的学生，难道还能像过去那样只读圣贤书而不闻天下事吗？

再说，学生有时会被学习压得喘不过气来，需要寻找缓解压力的方式，而上网可以向朋友谈谈学习、生活上的事情。虽然网络是个虚拟世界，但又是有趣的，我们可以在这个虚拟世界里发泄平时的郁闷，调节个人情绪，然后又全身心地重新投入学习生活中去，何乐而不为呢？所以我经常鼓励孩子跟朋友聊天、交流，我也愿意做他们真诚的网友，给他们送去"及时雨"，让他们茁壮成长。

当然，网络并不是一方净土，我们需要擦亮眼睛，认清盲目上网、沉迷网络给我们带来的危害。我经常会让孩子们一分为二地看待网络，并在班上针对孩子们上网可能存在的问题展开讨论，如"上网上瘾了怎么办？""上网太浪费时间怎么办？""怎样有效利用网络？"。通过讨论交流，让孩子们对网络有一个清晰的认识，并用正确的态度去对待网络以及网络交友。班上开展故事会时，我让孩子们收集沉迷网络、轻信网友带来危害的真人真事，给孩子们敲响了警钟。此外，我在每周的"优课优信"作业布置中，都会额外增加一条作业："望家长监督孩子上网聊天的时间，每周不超过两小时。"这样，一个月，两个月，三个月……习惯了，孩子们就一直这样,有自己的底线,有自己上网的时间。老师正确引导了,父母坚持了,孩子上网聊天的事也就迎刃而解了。于是,在我的积极引导中,孩子们头脑中逐渐形成了阳光的上网心态。我们在网聊中为对方传递正能量,每周两小时的聊天聚会仿佛一顿精神大餐。

在这个信息大爆炸的时代,孩子们初次接触网络时,作为新时代的老师,我们必须引导他们,不能抵制网络,不能把网络变成孩子的"禁地"。我们可以顺应时代潮流,积极利用网络的便捷,在统一组织孩子上网聊天的时候,渗透网络知识,教会孩子正确上网,让健康的上网理念如丝丝春雨浸润,达到"润物细无声"的效果。同时也尽量让自己的教学达到网络游戏那种引人入胜的境界,不让现实生活中的美好被虚幻的网络替换掉。

(陈艳梅,四川省巴中市恩阳区九镇中心小学)

集体讨论,达成共识

一场关于"网络交友"的主题班会在班内召开,我作为班主任先来个开场白:"随着网络信息技术的飞速发展,网络已成为人们学习、生活不可缺少的组成部分。青少年学生正以巨大的热情投身于网络中,成为网民的主力军。大家在丰富多彩的网络中交友、娱乐和学习。'你有几个网友?''你的QQ号是多少?''昨晚聊到几点呀?''加我的微信吧!'这些都已成为大家主要的聊天话题。"

听到这些,学生脸上露出了会心的微笑。我又说:"凡事有利也有弊,如何正确进行网上交友已成为人们关注的焦点。今天我们就一起来探讨这个问题。"接着我用多媒体展示了三个典型案例,案例的主人公都是因迷恋网络交友而被骗钱财甚至被强奸的中学生。

面对这些案例，学生议论纷纷，我不失时机点击按钮，屏幕上出现了已标明身份的四人图片，分别是慈祥的母亲、和蔼的老师、一个蒙面人以及一个中学生。我笑着问："假如你是这个中学生，请问你最想认识哪一位？"大家争相发表意见，大多数选择了蒙面人。我又点击按钮，蒙面人先是变成笑呵呵的弥勒佛，刹那间又变成了凶残的恶狼，一会儿又变成了摇头摆尾的狐狸精。大家一阵大笑，然后陷入了沉思。

等待片刻后，我说："看得出，大家因为好奇而选择了蒙面人，很想知道他是谁。好奇心是人类探求世界的基础，但千万不要忘记，生活中好奇的前提是安全，而安全来自信任。面对自己最可信赖的母亲和老师，很多人恰恰选择了不可预知的蒙面人，这正是网络交友上当受骗的根源所在。"

然后我给大家十分钟时间进行自由讨论，最后总结，全班达成了以下共识：不随波逐流、人云亦云；学会约束自己，提高自控能力；不与网友讨论不健康问题；要有戒备心，一旦发现网友有不良倾向，立刻终止网聊，必要时选择报警；网聊时间不能过长，不要轻易与对方见面，即使见面也要由家人陪同；不能影响正常学习和生活。

此时，班会的第一个目标已经达成，我立刻转换话题，将讨论引向网络交友的正面作用。我说："那么我们在保证安全的前提下如何健康、有效地进行网络交友呢？亲其师方能信其道，我觉得在这方面我们的老师做出了表率，下面有请两位老师！"

在欢快的音乐声中，我班两位科任老师走进了教室：教地理的赵老师头戴安全头盔，脸上架副墨镜，身穿迷彩式骑行服；教英语的崔老师则身穿绿色足球服，脚蹬一双白色足球鞋。看到干练、潇洒、阳光的两位科任老师，学生不禁鼓掌欢呼起来。我趁机说："两位老师在工作之余，通过网络认识了许多志同道合的网友，他们自发组织了自己的健身团队并乐在其中。大家想不想听听他们关于网络交友的建议呢？"在掌声中，两位老师谈了自己的感受和体会。

赵老师说："我们骑友团因共同的爱好走到了一起。骑友团自成立以来，我们已经完成了环山东半岛、环青海湖的骑行活动，今年暑假准备实现环渤海湾骑游的目标。我们的宗旨是骑行天下，健我体魄；传播文明，耀我中华。网上点一点，骑行心连心，欢迎同学们加入！"崔老师则说："我和网友们因对足球的痴迷和执着而建立了'劲霸'足球队，我们已连续多年参加全市的民间足球交流活动，既锻炼身心，又广交球友。我们的口号是因足球结缘，为健康交友。同学们，网络不是洪水猛兽，你们也可以好好利用。"学生对两位老师精彩的发言报以热烈的掌声。

最后，我补充说："其实，据我所知，我们班许多同学在这方面做得也很好。耿含笑同学加入了'县中学生网读协会'，经常在县图书馆开展读书交流活动；刘晓梅加入了'市青少年网友合唱团'，每到重要节假日都会去参加合唱演出；朱建坤参加了'步行天下'网友远足社群，经常去郊外远足。他们都能有效利用网络，让网络交友成为人生路上提高自我的助推器，我们应该向他们学习！"

（袁飞，山东省淄博市桓台县实验学校初中部）

引导、点燃、唤醒

最近，我通过阅读学生的作文、日记以及和部分学生私下聊天发现，班级内少数学生热衷于网络交友。怎样才能让这些学生及时"刹车"，回到正确的轨道上来呢？我想既不能完全堵死、一味压制，也不能放任不管，最好的办法还是不着痕迹地引导。于是，我在班内召开了以"网络交友的利与弊"为主题的班会。

班会伊始，我开门见山："同学们可能认为老师会全盘否定网络交友。其实，我认为网络交友有积极的一面，比如我们可以与网友互相打趣，开一些无伤大雅的玩笑，倾吐我们学习生活中的不快；可以与网友抛开所有的伪装，无拘无束地谈天说地；可以与网友用优美的文字进行交流，大胆地表达自己的内心世界。网络交友给了我们一个做回自己的空间，这些在现实生活中是很难做到的……"

话音刚落，小敏就高高地举起了手，说："老师，网络交友确实有很多好处，就像您说的那样，可是，网上交到坏人怎么办？据我所知，网上'披着羊皮的狼'不在少数。"

我心下暗喜，果不其然，学生逆反心理强，如果我上来就说网络交友的弊病，反而会把他们逼到对立面去。我不露声色地点点头："世间万物皆如此，凡事有利也有弊。网络交友有诸般好处，但也有弊端。这正是我们今天要重点探讨的。听说，我们班也有热衷于网络交友的同学……"

有学生开始窃笑，那几个学生开始忐忑不安。

我笑道："这也不是什么坏事，科学技术给我们创造了条件，这些同学能充分利用，与时俱进，是好事呀。"学生不禁一愣，显然没想到我会这样说。其实，我这是让那几个学生卸下心理负担，打开心扉，畅所欲言，只有这样，我讲的道理才能入耳入心。

"那么，现在就请热衷于网络交友的几个同学现身说法，说一下遇到'披着羊皮的狼'该怎么办吧！"我话锋一转。

有学生嘴里喊着小瀚、小雨、小烨。我说："那就请呼声最高的小瀚同学来说说吧。"

小瀚不情愿地站起来，说："我没遇见过这样的网友。我选择网友除了同学外，还有同学的同学、朋友的朋友，陌生人一般不添加，添加也是选和我同龄的人做网友。"

"网上那些年龄、性别什么的都是不可信的。"有学生反驳。

"假的就假的呗，我也就是聊聊天，又不和他们见面。他就是坏人，隔着网络，他也拿我没什么办法。"小瀚辩解。

我适时引导："小瀚有很强的自我保护、防范意识，只限于聊天，没有陷入网络不能自拔，有防范意识非常重要。咱们班有没有曾和网友见面的同学，愿意和大家分享一下吗？"

需要注意的是，让学生在大庭广众之下述说这样的经历还是有难度的。之前，我刻意营造宽松融洽氛围的理由就在于此。而这样的事情，并非除了学生本人就没人知道了，从学生的日记、作文看来，小范围内学生之间还是有交流的。

在学生的起哄声中，颇具男孩气的女生小雨站了起来。

"我也就见过一次，在超市门口，是小珉和我一块去的。聊了没几句话，我发现他在网上说的和现实中说的不一样，就和小珉离开了。"小雨轻描淡写。小珉主动补充："我和小雨回来后认为，今后最好不要和网友见面。在网上之所以感觉谈得来，是因为有距离，否则就会'见光死'。"

这是一个良好的开端，接着，另外几个学生也主动站起来讲述了自己的网络交友经历，与之见面的大多是同龄人，区域没有超出我们县。虽然我听的时候替他们捏着一把汗，但总算有惊无险。然而从他们的谈话中可以看出，他们并没有真正意识到与网友见面潜在的危险。于是我说："你们都有着清醒的头脑，没有混淆网络和现实的界限，即便见面，也知道让同学陪同，选择人多的地点，有较强的防范意识。这很好，我为你们几个点赞！"教室里响起一片掌声。

接着，我话锋一转，开始引导他们注意安全："但是，网络交友不慎，确实会给自身带来危险。"我当着学生的面在百度搜索栏里输入"网络交友"四个字，出来773000余条新闻，什么"女学生网上交友，被威胁开房""男子杀害女网友并掩埋""微信交友引发重伤案""女学生'陌陌'交友，初次见面便受辱""无业男交友行骗""男子网上交友被强制入传销点，威胁殴打逼其购产品""痴心男网上交友被骗，诈骗者竟是网吧邻座'美女'"，等等。这些新闻触目惊心，学生深受震撼，之后也开始讲述自己在现实生活中听到、看到的类似故事。

"网络交友不是洪水猛兽，正如老师开始说的，它并非一无是处，但千万不要沉湎其中不能自拔。"见时机已到，我抛出了最后的问题："那么，怎么做才能够避免沉湎于网络交友，怎么做才能够更好地保护自己呢？"

学生经过组内讨论、组间探讨、班内交流，很快达成共识：适当控制上网时间，每天除了上网查资料外，每次上网不能超过1小时，每周累计不超过3小时。网络交友时，为了更好地保护自己，要做到这三点：（1）不要随意透露自己的真实姓名、家庭住址、父母情况；（2）不要轻易相信陌生网友生病借钱、见面吃饭等信息，有疑问马上咨询家长或身边的朋友；（3）牢记"天上如果掉馅饼，地上一定有陷阱"的谚语，不贪图小便宜，不被网友投你所好的手段所诱惑，比如什么当红偶像演唱会、签名足球、礼物、派对等，千万不能盲目地认为周围的事情都在自己的掌控之中。

看着学生总结出来的上网"法则"，我知道自己的目标已经达成。

当孩子上网不可避免时，如何让孩子既能享受互联网带来的便利，又不会被其伤害？疏导胜于封堵，班主任做到引导、点燃、唤醒就足够了。

（张子春，山东省滨州市阳信县第一实验学校）

我用"三招"防沉迷

我们班在三年级时就成立了QQ群，学生经常在群里讨论功课和家庭作业，我也会发布一些信息和任务。另外，从群里的聊天中我也发现了很多平时发现不了的"人才"：有的人功课不好，可是很会制图；有的人在课堂上默默无闻，可是在群里风趣幽默，如鱼得水；有的人甚至成了"小作家"，在群里晒着大作呢……。他们聊天的时候，我一般不介入，默默地看，有时他们让我刮目相看，有时又让我瞠目结舌。遇到重要的话题或者起了争执的时候，我才"冒泡"。从班级群里，我深深感受到了他们真实的一面，对他们又多了一种了解和理解，因此开展班级活动也得心应手，颇有成效。

我班学生之所以既能利用网络，坦然交友，又不会深陷其中不能自拔，

班级人际关系出现矛盾怎么办？

我觉得与我平时预防工作做得比较到位有关。

第一，我经常鼓励学生善于、敢于接受和挑战新生事物，培养良好的判断能力和选择能力。世界于他们来说是美好的，也是充满惊奇和挑战的，未来的路途遥远且不可预测，善于发现和学习新东西并且不断去接受它，这在现代社会是很重要的一种能力，也是社会进步的重要表现。更何况他们本身就是追逐潮流的新生代，加之现在信息量庞大，传播速度又极快，我们何不顺势引导和鼓励他们朝着有利的方向发展呢？既然挡不住时代的步伐，与其堵住，不如疏导、变通，要敢于放手，让他们去接触，去挑战，然后学会判断，学会取舍，才有可能实现创新。

第二，我经常开展愉悦身心的活动，培养学生良好的自我修正能力。其实，鼓励学生去接受和挑战新事物，老师自己也要做到这一点，才可能让他们感同身受，才能及时发现问题并主动去解决，而不是等问题来了才被动地处理。老师解决问题的方式很重要，不要强迫，不要诱骗，尽量选择适合且愉快的方式。四年级时有一段时间，学生嘴里经常冒出一些网络语言。我便和正、副班长商量召开一期关于网络用语的主题班会，活动的具体安排由他们两人去操办，我全力协助。那一期关于"网络用语的利与弊"的主题班会，形式活泼新颖，以模仿"雷人讲坛"开场，以"致全班同学的一封信"结束，令人捧腹大笑过后又不得不反省自己。生动有趣的班会让学生明白了：追求时尚不是过错，但是过分追求就是庸俗。整场班会，我只是在最后对他们说了一句话："谢谢你们给老师也上了一堂生动的课，希望你们今后的谈吐举止更文明、更纯净。"

第三，我经常与家长交流，提醒他们注意提升自身素养，以身作则，培养孩子健康的兴趣爱好和良好的实践能力。家长的言行举止对孩子潜移默化的影响比老师更重要，所以，老师要借助一切可以借助的力量去影响、转变学生。我们班的家长会，我不说教，也不强调"分数"，而是选择一些热点话题，开展面对面的讨论和交流，自主探索真正有效的教育方法。我给他们提出一些建议，如父母不玩手机、不打麻将、不把应酬放在第一位，多给孩子一些陪伴，经常和孩子谈谈心、看看书、跑跑步，或者进行一些种植、饲养、公益等社会实践活动，孩子们的兴趣和爱好就多了，生活变得很充实，就不会有犯错的时机和动机，也不可能整天在网上跟人聊天了。

总之，虽然网络交友出现过很多问题，但不代表全部网络交友都不健康，我们不能因噎废食。再说，即使没有网络，学生的问题依然层出不穷。"堵"永远都是治标不治本甚至适得其反的方法，孩子的成长过程需要一些经历和考验，只要我们认真做好陪伴和引导，一切都能顺利解决。

（姚黎明，安徽省马鞍山市当涂县团结街小学）

消解神秘，去除幻想
——青少年网络交往引导的关键

截止到2014年12月，中国青少年网民规模达到2.77亿，占整体网民的42.7%，占青少年总体的79.6%，其中12岁到18岁的中学生网民占青少年网民总数的40%以上。根据相关研究，"近40%的中学生报告自己至少有一个网络恋人"，"36.5%的中学生经常与网友保持联系"。① 网上交往已成为当代中学生普遍的人际交往方式。青少年为何热衷于虚拟的情感支持？如何引导他们理性对待这种"脆弱的相依"？破解网络交往的谜题，是当前广大中学教育者面临的时代话题。

---

① 孙彩平，刘文亮. 青少年网络生活的道德状况及对道德教育的挑战[J]. 思想理论教育，2010（6）：17.

青少年为什么迷恋"脆弱的相依"

除了游戏,网络交往是青少年网络生活中最重要的内容。不同于网络游戏提供的消遣与娱乐,青少年上网交友主要为寻求情感支持,满足交往的需要。① 青少年为什么会热衷于建构这种"脆弱的相依"?

1. 时尚的"自我实验室"

依据埃里克森(E. H. Erikson)的人格发展理论,12岁到18岁,中国的中学时代,是(自我)同一性发展的关键期。埃里克森喜欢用"危机"来描述其对人生发展可能带来的双重后果:其"危"在于发展不好会导致角色与价值观的混乱,甚至在与成人和常规的对抗中误入歧途;"机"在于发展得好会使人获得对美好自我(包括角色)、某种价值观念的深刻"忠诚",从而坚定自己未来的路向与追求,为成就绚丽多彩的人生打下坚实的基础。

处于这一发展阶段的青少年喜欢尝试各种角色,实际上是通过尝试来发现自己适合并喜欢的角色,建构自己理解并接受的价值观体系。这是一个以角色试误为主要方式的社会性学习过程。貌似与现实世界相分离的虚拟空间,恰好为青少年提供了一种看似不带来后果(包括经济、道德甚至法律后果)的模拟试验情境。在虚拟空间,青少年非常喜欢角色扮演类游戏(在笔者5年前的研究中,84%的中学生表示自己正在玩或者曾经玩过网络游戏,当前这个比例可能更高),甚至也把网络空间的人际交往(包括网恋)游戏化——中学生有40%的网恋率,有超过35.1%的中学生认为网恋是一种情感游戏。② 青少年显然喜欢这个时尚的"自我实验室",乐于在这个空间,试验性地探索自我,因为"在这个真实并虚伪的世界里,我可

---

① 孙彩平,唐燕. 国内中学生网络交友调查报告[J]. 上海教育科研,2009(11):40—43.
② 孙彩平,刘文亮. 青少年网络生活的道德状况及对道德教育的挑战[J]. 思想理论教育,2010(6):16—20.

以随心所欲地游览，可以海阔天空地畅谈，可以是高官，可以是富商，也可以是我——一介百姓……"。

这种虚拟的天马行空的社会性试误过程，在成人眼里自然是一些不可预测的行为、无法理解的选择，甚至潜藏着自我毁灭性的愚蠢，却正好满足了青少年探索自我同一性的浓厚兴趣，所以他们乐此不疲。

2. 对神秘性的迷恋

与现实交往不同，网络中的交往者无法确知对方社会背景的真实性，也无法确定在需要时能够再次与对方相遇，即使相约，也不能够确信对方能够赴约，因而，不确定性，可以说是网络交往的一个重要特点。克劳特（Kraut）与他的同事因为网际关系的"浅显和容易解除、偶然和狭隘"而称其为一种弱联系，是一种"脆弱的相依"。但这种弱联系显然不是因为其脆弱性，而是因为其不确定性、未知性以及自身的"可隐性"带来的神秘感，对青少年（包括部分成年人）具有极大的吸引力。

自古以来，神秘感对人有着天然的吸引力。

与人们第一次听到无线电广播，看到电影与电视上活灵活现的影像、听到其传出的惟妙惟肖的声音时是一样的，网络的神奇对于刚刚触网的人（由于识字水平的原因，一般来说，小学高年级和中学以后，才可能参与性地进入虚拟生活）来说具有无法抵挡的诱惑力。但网络不同于广播等传统媒介，网络人不是网络生活的旁观者，而是置身其中的参与者，是演员，是网络文化与生活的直接生产者。这一身份变化所激发的参与热情是无须言表的。更为有吸引力的是，在网络空间，人以"身体退隐"的匿名方式出现，还可以有"马甲"这种类似现实中的替身，如果说交往对象的匿名化与"马甲"增强了网络交往的神秘感，自身匿名与"马甲"则让参与者有不被人知的"隐秘性"和"安全感"。这有点类似童年时的经典游戏捉迷藏：当事人隐藏自身，偷窥并寻找他人的行迹。毫无疑问，青少年在网络交友中可能会体验到童年时玩捉迷藏游戏时的快乐与刺激。

3. 理想化的心理投射

CNNIC（中国互联网络信息中心）2014年中国青少年上网行为研究报告显示：60.1%的青少年相信互联网上的信息，整体对互联网信任度高，依赖性强，安全意识较弱。这可能是因为学习压力，在生活节奏紧、课余时间少的情况下学生缺少交流对象与机会，容易选择向网络上的朋友吐露心声，把网络误作"真实自我"的展现平台，也会由于幻想式的心理投射而对网友产生情感寄托。

网络空间的"隐形人"状态及与对方的偶遇情境，为当事人提供了想象的安全感；"反正你也不知道我是谁"的隐秘性以及"从此不会再相见""我们互不认识"的疏远感，促成了"说了也无妨"的心理，使人在网络空间更可能吐露在现实生活中、在身份和各种社会性约束中不便和不能讲的"真言"和"忠言"，给当事人一种自我真情告白的轻松和自由感，从而容易让涉世未深的青少年把网络当成安全而隐秘的场所，将网友当知己。乔伊森在2001年做的对比研究证实了这一点。[①] 在现实中没有机会表现自己（如很少受到关注的人）或者由于各种原因（如身体、相貌等）无法表现自己的人，在网络中往往会表现出与现实中反差很大的性格特征，会更容易把这当作"真实的自我"。有这种想法的人，也容易"推己及人"，把网友的话当"真言""忠言"和"肺腑之言"来看待，认为网络朋友比现实中的人更可靠、可信，在其内心，会与网络朋友间产生更亲密的感觉，从而容易对网络空间中遇到的人形成强烈的信任与依恋。

但是，这种"真情告白"在很多情况下是建立在人对自我及对方的理想化想象基础上的。"距离产生美"，就是因为距离只为人提供一个大概的轮廓，其中的细节都依赖想象去补充。网络可以使人超越物理空间，但依然无法超越人在场可能提供的诸多真实细节：眼神、表情、语气、动作以及所有这些与人的气质、衣着等给人的整体感。所有这些无法通过网络显

---

① 乔伊森.网络行为心理学：虚拟世界与真实生活[M].任衍具，魏玲，译.北京：商务印书馆，2010：135—136.

示的细节，都会通过当事人，依据有限的文字信息和自己的想象而添加上去。在这些想象中，会有很多与真实情况不一致的因素。巴格等人的研究发现，"如果参加者喜欢他们交流的聊伴，那么他们往往把一个人理想亲密朋友的品质投射到这个聊伴身上"。网友交往中的"见光死"现象，说明了网络交往中所建构的理想化形象与现实网友形象之间存在巨大的差异。

这种理想化想象如同一个滤镜，一方面使虚拟交往"看上去很美"，另一方面也可能掩藏了不可见的丑恶，但天真的青少年可能只看到了其美丽的一面。

 引导的关键：去除神秘与幻想

网络交友给处于同一性探索中的青少年提供了一个虚拟的实验室，应该成为有助于青少年自我健康成长的新平台。但由于虚拟交往的特殊性，容易使不明就里的青少年产生过度依恋和不切实际的幻想，甚至误入歧途。对青少年网络交友引导的关键是去除其神秘性与幻想，将网络交友现实化与理性化。

1. 通过普及信息技术知识消解神秘感

降低神秘感的最好方式是揭秘。如前所述，网络交友的神秘感有两个层次：一是网络本身的技术神奇性；二是网络交往中人的私密性。针对青少年对网络技术不了解而产生神奇感的状况，教师要用信息技术课程与科普专题讲座结合的方式，生动灵活地开展教育。这样做的目的主要是让青少年深入浅出地了解虚拟空间的基本工作原理，特别是虚拟交往的工作原理，从而一方面激发其对科学技术进步的向往，另一方面解除网络的神奇感，让青少年对网络产生"原来如此"的科学态度。

针对青少年对网络空间的私密性误解，一方面教师可以讲解科学知识，如简单的网络追踪和解密技术，甚至可以让学生自己体验简单的网络追踪与侦查，另一方面可以通过真实的网络案例进行引导。主要目的是引导青少年，使其认识到网络空间不是一个私密空间，而是一个开放空间，个人的任何网络"足迹"都可以追查，所有的网络密码都可能被破解，因而，虚拟空间跟现实空间一样，有监控（网管），有小偷（盗号者及各种黑客），现实中的警察可以在网络中追击任何违法行为。从而让青少年明白网络不是世外桃源，网络行为实际上没有任何私密可言。

另外，一些教师选择通过主题班会这一公开讨论的方式，直面网络交友问题，使这一问题本身公开化，也是一种降低网友私密程度的方式，可以收到不错的效果。

去除了网络的神秘性与私密性，就可以在一定程度上降低初上网者对网络交友可能的迷恋。

2. 现身说法，揭开网络幻想的面纱

针对青少年容易出现的误将网友当知己的问题，引导他们认识到心中的网友与其本人可能存在反差这一事实，去除其对网友存在的不切实际的幻想，是问题的关键。

可以通过一些典型的网络诈骗案例（如果有发生在身边的或者青少年熟悉的更好），引导学生明白网络交流中的虚拟性。也可以尝试通过活动设计，让学生亲身验证，引导青少年在观念上逐步去除网友的光环。活动可以分几种方式进行：第一种方式是组织关于网友的交流会，请大家谈谈自己交往的网友，让他们自己发现"心中"的网友可能与现实中的真人存在巨大差距。第二种方式是请有过"见光死"经历的学生讲述自己的经历，从而让学生确信自己"心中"的人与其真实状况之间的差距。考虑到有学生会有隐私避讳，可以选择一些同龄人的案例，也可以选择一些学生熟悉的影视剧片段，包括小品中的案例等。第三种方式是与信息课结合（需要技术性控制），或者专门设计一个交网友的活动。事先请学生一起体验交网友的过程（可以通过位置选定的方式使学生加的都是自己班的同学），一段时间后，请大家交流自己所交到的网友情况（不说网名，只说结识与交流的过程）、自己对网友的印象，最后请他们在班里找到自己的网友，通过现实与网络空间的印象差异，使其明白网络空间的交流与现实间的差异。

另外，丰富青少年现实生活，让他们在现实中有充分的交流、表现和表达自我的机会，也是防止青少年迷恋网络交友的重要举措。

（孙彩平，南京师范大学道德教育研究所教授）

8

学生异性交往缺乏自我保护意识，怎么办

男孩女孩，为何变成"痴小孩"

学生异性交往缺乏自我保护意识的原因

孩子的单纯与天真。一些孩子对社会阴暗面和人性之恶缺乏基本了解，对陌生人或身边的人缺乏起码的防范意识，容易轻信别人。如此一来，自我保护也就无从谈起了。

生理成熟期的提前。现在无论女孩还是男孩的性成熟时间都提前了，生理和心理上有了一定需求，又缺乏充实的精神生活，一旦遇到合适时机，就比较容易出现这方面的问题。

"女汉子"的鲁莽行为。有些女孩的思想与做事风格都是"不爱红装爱武装"，总喜欢和男孩子在一起，平常打闹时也无所顾忌，甚至有时还嫌男同学不够成熟而主动接触一些成年异性。

为爱"献身"的精神。处于青春期的孩子心智还不太健全，一旦陷入恋爱便不顾一切，甚至会有一些疯狂的举动。这种盲目和冲动会造成不良后果，而且一旦受到打击，他们还可能出现疯狂的报复行为或者是自残、自杀行为。

家长不羁行为的误导。现在离异家庭越来越多，孩子生活在单亲家庭中，如果家长在私生活方面很随便，很可能对孩子产生不良影响。

不良社会文化的影响。现在媒体上时常出现激情镜头，特别是一些明星的桃色新闻、性爱丑闻，使不少少男少女迷失方向，觉得性生活是件很平常的事。如果有这样的想法，自然不会注意在这方面进行自我保护了。

（李红波，河北省保定市第三中学）

花季少年，你的青春谁做主

面对与异性交往随便的学生

小玲是个聪明的学生，成绩优秀，就是和男生交往过于随便，缺乏自我保护意识。

一天晚上，我在去查寝的路上，发现在操场的一角，小玲正和一名男生抱在一起接吻。看到我，小玲大吃一惊，顿时面红耳赤；那男生以为我不认识他，转身溜走了。我想了一下后，拍拍小玲的肩膀说："快去就寝吧！"说完转身走了。小玲也快速跑回了寝室。

第二天，利用班会课时间我首先念了一封信。信是一个男生写的，其中一句写着："你不答应我，就像一把钢刀插在我心口上！"同学们听了哈哈大笑，我继续说道："这名男生上课不努力学习，却写了一百多封这样的信。我们班许多女生也收到了这样的信，但他们都很信任我，将信交给了我。我为班级有这样一群能冷静处理这类事情的女同学而高兴，说明大家看问题更成熟、更全面、更能辨别是非了！"我说完，学生便开始议论起如何面对所谓的"求爱信"。我观察了一下小玲，发现平时在课堂上叽叽喳喳的她此时低着头，面红耳赤，不说话。

谈论一段时间后，一个男生说："这封信写得很感人，是真情实感的表达，一定是个痴情男生！"一个女生却说："这封信是校内一个男生写的，我就收到过这种信，看后就交给了老师！"另一个女生说："这种信我接到过两次，第一次看后心潮澎湃，但回家后我在电脑中搜索，发现是网上抄的！"同学们听后哈哈大笑！

我接着问："我们班有没有女生因为这封抄袭的信而真的被打动了芳心？"同学们顿时大笑起来，一个女生说："凭这样一封抄来的信就打动我们的心，我们的心也太容易被感动，太脆弱了，我们的感情也太丰富了！"同学们报以热烈的掌声。

我接过话题说："在你们这个年龄阶段，被异性吸引很正常，但如何正确看待早恋呢？"学生又开始议论开了。一个学生说："现在的友情可能转化为将来的恋情，但现在的早恋绝大多数无法转化为将来的爱情。我哥哥读书时和一个女生关系很好，那个女生也很喜欢我哥哥。因为早恋，我哥哥成绩一落千丈，没有考上理想大学；那个女生考取了好大学，工作后却嫌弃我哥哥收入低、发展前途渺茫，就分手了！读高中时，我哥反复劝我千万不要在高中早恋，否则只会浪费感情，影响学业。"

另一个男生说："过早恋爱，如果将来能够继续发展也许没什么，但如果不能继续发展，可能给未来生活带来很多麻烦甚至灾难。我的一位邻居结婚后不久就离婚了。后来我才知道，是因为那个女的读书时就早恋，导致结婚后双方互相不信任。"

……

没想到，学生对此类情况知道得很多，分析得也很深刻。

班会课后不久，小玲找到我说："老师，我知道那次班会课基本上是为我开的。我也不希望自己早恋，但总是经不起男生的追求。您一次次召开班会课，让同学们收集资料并进行讨论，使我对这方面的认识越来越全面。我知道自己在恋爱问题上过于随便，用一个同学的话说，'一封信、一顿饭甚至一个水果就随便打动一个人的心'，我听了好惭愧，我确实错了。"

后来，我发现小玲不再和异性随随便便地交往了！

（董建华，宋英，湖北省宜昌市秭归县第二中学）

案例

向名著"取经"

早饭后,小洁急匆匆地跑到办公室对我说,高三某男生不仅光天化日之下在操场上用语言亵渎她,而且还动手动脚,自己内心受到极大伤害,求我帮她。其实,刚开学不久,她也曾两次向我反映高年级男生纠缠她。作为班主任,我当然不能坐视不管。然而,我还没来得及批评高三那几个男生,他们就纷纷说起小洁的不是:"大家都可以找她玩,我们为什么不能找她?""我们本来也不认识她,但她的名声实在是太大了,听说她的传闻后,我们只是试试看,看她是不是那样的人。""她的那副打扮,那种神情,一看就是不良少女。"……我对这些男生一一进行了批评教育,之后陷入了沉思:小洁一次又一次受到莫名其妙的伤害,究竟是谁的错?如果这个问题不能及时解决,后果会更加严重。

我认为,作为女生的小洁首先要洁身自好,如果不能稳重、机智地处理好自己的言行,肯定会引起一些不必要的麻烦。但小洁对我的劝说和教育却嗤之以鼻。她认为这一切都是别人的错,自己只是个受害者。教育暂时无法进行下去了,我只好等待时机。

国庆节放假返校后,小洁总是请假,不做课间操,请假理由常常自相矛盾,这引起了我的怀疑。我没有苦苦逼问,而是从她的身体健康和未来成长出发给予关心。也许是我多次无条件帮助过她,也许是我真诚、友好的态度感化了她,也许我正好说出了她最想听的话,也许我触动了她的难言之隐,也许是我以人格担保为她保密……,总之,她主动拿出了男孩子写的他俩交往的日记,并向我坦承了她与"男朋友"在暑假里一次聚会后偷尝禁果,后来她的身体慢慢发生了变化,因不能告诉父母、老师,最后是"男朋友"的母亲在国庆节放假期间带她悄悄到医院做了手术。

这本日记和小洁的话让我十分震惊和不安,我立刻联系上小洁的妈妈。在看到家里的药品和男生写的日记后,小洁妈妈泪流满面,为女儿小小年

班级人际关系出现矛盾怎么办？

龄受到这么大的伤害而悲痛，为女儿的尊严和未来担忧。当双方家长和孩子见面协商时，男孩子的态度粗野蛮横，男孩子的妈妈也十分冷漠，把一切过错都推在小洁身上。小洁妈妈气得说不出话来，小洁也目瞪口呆！结果双方不欢而散，事情也就不了了之。

男孩子丑陋的言行深深刺激了小洁，特别是当她看到母亲受到侮辱时，顿时对自己深恶痛绝，下定决心一定要洗心革面，做一个爱自己、爱母亲的好学生。

我抓住契机与小洁谈心，并把自己的《射雕英雄传》借给小洁，要求她认真阅读，特别要对"穆念慈"和"黄蓉"进行比较，结合自己的生活，写一篇有关"异性交往安全指导"的心灵日记。小洁写道："穆念慈是一个重情重义的女孩子，社会经验不足，不但没有外在的保护，内心也没有科学理念，更缺少一种机智，当她遇到一个大骗子、大卖国贼、大坏蛋，她难以控制自己的感情，最后过上一种悲惨的生活；而黄蓉生活经验丰富，机智刁钻，既有软猬甲的保护，又有独特的眼光和坚定的信念，遇到欧阳克这样的坏蛋，她保全了自己，并找到了真正爱的人，过上了幸福的生活。我遇到的不是什么大人物，也不是什么大奸大恶的人，可我却被彻底打倒，输得那么惨！黄蓉是高中女生的好榜样，我真的要好好向她学习！"

在一堂以"女生在异性交往中如何自我保护"为主题的班会课上，我又特意选择播放《唐山大地震》电影，然后重点讲解《唐山大地震》那对母女各自的爱情故事。这些动人的情景和犀利的语言让小洁更加自信和自律，她的神情向我展示了她已经走出低谷。

从经典名著中能学习到很多做人做事的道理，小洁在看名著的过程中，受到潜移默化的影响，其世界观、人生观、价值观在这种文化影响下一旦形成，就具有确定的方向性，对人的综合素质和终身发展产生深远而持久的影响。我想只要家长和老师对她进行帮扶和引导，小洁的未来一定会很美好！

（段云成，浙江省龙游县第二高级中学）

老师，我能叫您一声"爸爸"吗

小琳是一年前转到我班的住堂生。小琳三岁时，母亲病逝，她随姨妈一起生活。小琳的父亲常年在外打工，平时跟她沟通少。

就在小琳转到我班的第二周，一件意想不到的事发生了。第一节晚自习刚下，班里两个男生就跑来报告，说小琳跟校外一个男青年外出了。性质严重，事不宜迟，我立即带人去追。终于在离学校两里多远的地方追上了小琳。此刻她正和男青年肩并肩地往前走，男青年手里还拎着一个包。我谎称小琳的爷爷来学校找她，才使小琳马上跟我们回来。但回到办公室，当得知这是我骗她回来的借口后，小琳的情绪顿时有些激动，语气很坚定地说她不念书了。我劝了半天也不管用，最后只好打通小琳爷爷的电话，让他先带孙女回家。

第二天，小琳没来上学，我决定去家访。

见我来了，小琳从里屋出来，心情也平和很多，主动跟我打招呼。我进门就说："小琳，现在家中只有爷爷、你和我，没有其他人，所以老师有话打算直说了。我也是父亲，所以我想以一个父亲的身份问你，昨晚，你到底准备去哪里？"

"我不想读书了，准备跟朋友外出打工。"小琳说。

"什么样的朋友？你们是怎么认识的？"我问。

"我们在网上认识的。他对我很好！"小琳答道。

"怂恿你不读书，怂恿你不经家长同意就擅自外出打工，这叫'对你好'？这样的朋友不可靠。真正对你好的人，应该鼓励你读书和进步。"我说。

小琳沉默了。我接着说："老师是过来人，处于青春期的你们，对异性有好感，这是成长的表现，很正常，但这绝不同于成人之间的那种男女关系。你现在的一些想法，再过五年、十年、二十年，你自己都会觉得幼稚、可笑。你年龄小,有些事情的后果你没见识过。有些事,一旦你做了,将会悔恨终生。"

见小琳认真在听,我又讲了一个女生被骗的真实故事。故事中的女生被所谓的男朋友以谈恋爱的名义拐卖到外地卖淫,若不是家长及时报警,后果不堪设想。

这次家访收到了预期的效果,一是小琳情绪不再激动,二是她能耐心听我讲道理。

为了进一步教育好小琳,我又采取了四条措施:首先,对班级的座位进行调整,让班长佳佳跟小琳坐,同时安排几个女生做小琳的好友,要求她们时刻关心小琳,以此增强小琳的集体归属感。其次,让小琳加我为好友。我有目的地在QQ空间中发一些文章,指导学生如何正常交往,在跟异性交往时如何提高自我保护意识。再次,强化学习小组之间的竞争,尽量将学生的兴趣转移到学习上来。最后,定期在小范围内找学生谈心,在找小琳谈心时,跟她一起直面早恋问题,鼓励她用理智"跳"出这段不正常的情感,让其"冬眠"。

功夫不负有心人,我的宽容、耐心和真诚,终于打动了小琳。从此,小琳又恢复了正常的学习和生活,成绩开始稳步上升。临放假时,小琳递给我一张贺卡,上面写道:"……听说您下学期要调走,我们都很不舍。分别之际,我能叫您一声'爸爸'吗?"能当上这个"爸爸",我觉得无比幸福,但也真的很不容易。

(严于庆,江苏省盐城市滨海县坎北初级中学)

健康交往，不必"假装不理不睬"

如何开展正确的性教育

学生小美的父母感情不好，对小美缺乏关心和爱。上初中后，小美便开始上网交友，想从陌生的网友那里获得心灵慰藉。后来，同村男孩小亮成了小美最好的网友。小亮比小美年长两岁，初中没读完就辍学在一家工厂打工。两人成网友后便见面、约会，并很快偷吃了禁果。听到小美谈恋爱的消息，她父母非常生气，对小美粗暴打骂、没收手机，每天都到学校跟踪监视小美，最后决定把小美送到广州中职学校读书，以断绝其与小亮的来往。然而，这些做法不但没有使小美有所醒悟，反而使其在QQ留言上写下"我恨我自己，我讨厌我自己"这样的话。

得知小美的情况，我很担心这些经历会给她的身心带来创伤，一直思考该如何开展正确的性教育，以提高小美及其他学生的自我保护能力。

我认为，小美的问题在今天的中学生中并非偶然，作为班主任，我们要理解青春期的学生生理和心理的变化以及他们与异性交往的渴望，要转变落后的观念，防止戴有色眼镜看待类似小美这样的孩子。我们还要创设情境，让异性学生在集体中交往，通过开展团体活动，让男生和女生在团体辅导中开放自己，了解彼此，满足对异性的好奇心。

针对小美的具体情况，我决定采用主题班会的形式促使学生自我认识和自我成长。我先后组织开展了两次班会。第一次是"青春论坛"，主要通过设计一个"秘密大会串"活动，探讨学生青春期的困惑。首先让学生品尝青苹果。青苹果吃起来又酸又涩又甜，勾起学生对青春味道的想象。接着，让每个学生匿名写下自己青春期的困惑并将其投进"秘密匣子"，再由学生自愿上台抽取"秘密匣子"里的问题开展讨论。青春论坛就是这样开展起来的，从羞涩到放开，从不敢讨论到大胆谈论。学生也跟着青春论坛打开思绪，踊跃把自己的秘密不断投进"秘密匣子"。当学生愿意探讨青春烦恼时，班主任再从旁引导，就能起到较好的效果。

根据人本主义心理学思想，人有自我成长和自我实现的需要，所以人会自我选择生活方式并且有自我选择的理由，并按"潜能"发展。所以第二次班会，我设计了主题为"青春的选择题"的方案，采用学生青春期的故事情境，按邀约—求爱—危险的邀约—性要求—我的选择等，编成情景剧。每一幕都有接受和不接受两个选项，学生通过故事情境，身临其境做出自己的选择，正视内心感受，同时阐述接受的理由或不接受的理由，分享拒绝的技巧和做法……。这样的体验式主题班会课让学生得到了从未有过的关于性知识的正面教育。

总之，性教育的重点在于性安全教育，引导学生正确认识性安全、性卫生知识；降低性行为对于学生的神秘感，在尊重学生心理需要的前提下，推迟学生发生性行为的年龄，教学生等待成熟的性。

（杜新儿，广东省食品药品职业技术学校）

我教学生"套近乎"与"说真话"

我任教的学校是一所农村寄宿制小学。一天深夜十一点半时，宿管老师慌慌张张打来电话，说查宿时发现一个女生找不到了。我赶到宿舍询问无果；又与很多同事分头在校园、校外寻找。快十二点半时，宿管老师又打来电话，说那女孩回去了。原来女孩为了第二天给一个男同学过生日，当晚和另一个男生一起制作贺卡，后因瞌睡就睡在了男生宿舍，直到宿管老师查看男生宿舍时才发现。

第二天我静下心来思考这件事，除了学校寄宿条件达不到标准（男女生宿舍中间只有一个活动的玻璃门）之外，学生缺乏自我保护意识才是最主要原因。那么，怎样才能让学生意识到危险的存在，学会保护自己呢？后来，通过实践，我发现让小学高年级的学生学会和异性"套近乎"，能够"说真话"是一个很不错的办法。

"套近乎"，顾名思义就是主动和别人打招呼。小学高年级学生逐渐进入青春期，有了对异性朦胧的羞怯和向往，希望得到异性的关注和赞美，开始注意自己的外表和言行，也会刻意表现自己的优点。在与异性交往中，他们会抓住眼前的机会来向异性靠近，甚至创造机会表现自己。于是就有了很传统甚至很俗的方式——借文具、请教问题等。

我发现两个学生关系有点异常，便找了一个机会，在全班学生面前说起这事。我说我曾经看到男孩在座位上如坐针毡，眼睛不断瞄向女孩，我对他说："莫非你想过去和她说说话？那你就放心大胆地去嘛，有什么担心的，不就是说说话吗？我相信大家都能理解你的心情。"全班学生都笑了，那两个孩子也相视一笑。我接着说，我教给你们一个和异性套近乎的方法，就是不要那么羞怯，也不要编造那么多借口，直接说我想和你聊聊，或者说我想和你坐在一起。孩子们很惊讶，说万一被拒绝呢？我一下就乐了。我说，看来你们心中都有一个渴望去靠近的人。孩子们叽叽喳喳炸开了锅。我于是说，大家可以去试试，不要拐弯抹角，不要编造理由，或许你会有意想不到的收获。

其实我知道孩子们肯定会尝试我的方法，这正合我意。因为这样直接的交流方式会压缩异性之间的遐想空间，减少因为话语的不透明而带来的猜测和揣摩，还可减少学生注意力和精力的分散。而且直接交谈能够迅速消除彼此的陌生感和新鲜感，让他们的友情进一步得到发展。小学生的感情相对单纯，在相处时也能够比较融洽。良好的朋友和伙伴关系有利于他们正确定位自己所承担的角色和义务，对对方的角色有更深刻的认识，并且对由异性所带来的危险比较敏感，一旦发现危险，他们就能及时采取自我保护措施。

"说真话"，就是真实地表达自己的想法。这看似简单，做起来却不那么容易。小学高年级学生都想在异性前表现出自己最好的一面，于是谎言和搪塞随之而生。谎言的杀伤力在于迷惑对方心灵，搪塞的杀伤力在于掩盖真相，这都足以让对方缺乏足够的辨别能力。我接着上面的例子告诉孩子们，如果我和异性交往，我会直接告诉她我的想法，这不仅是我对对方的尊重，也是继续交流的前提。谁愿意和一个满嘴谎话的人做朋友呢？孩子们纷纷点头。

说真话的好处在于，异性之间的尊重感和信任感得到提升，礼仪和行为方式也得到约束，当对方出现出格举动时，我们就能够察觉并且采取措施。

当然，对孩子们的安全意识教育也是必不可少的一个环节。告诉孩子们在异性交往中保持适当距离，单独相处不要超过十五分钟等；让孩子们认真聆听对方的倾诉，思考对方话语，当发现危险存在时即刻脱身，是班主任必须教给小学高年级学生的重要知识。

（张伟，甘肃省玉门市赤金镇中国石油铁人希望小学）

守好底线，勇敢说不

每个人生存在这个世界上，都有着不同的身份和角色，性别角色是重要的角色。在人类生生不息的繁衍发展中，男性与女性各自承担着不同的任务，彼此相互依存，不可或缺。同时，在人类社会的发展演变中，人们对男性和女性的社会行为又表现出迥然不同的期望。如，温柔、体贴是女性的标志，而粗犷、豁达则成为男性的标志；女生从小喜欢玩过家家、毛绒玩具，喜欢蕾丝花边、花裙子，男生从小喜欢户外奔跑、车刀枪玩具，喜欢拼插与拆装。这其实都是社会发展进程中，人们逐渐演化出来的男性与女性的行为特征。也正是有了这些差异，这个社会才显得缤纷万千，充满着惊奇和惊喜。

与此同时，衍生出一个重要的课题，即男女生的性别教育及其相应的自护教育。男女生的性别教育非常重要，包括生理卫生、心理卫生、行为的教育以及对男女生的道德要求等。性别教育可以是刻意的，如开设课程或者进行专题教育，也可以是自然发生的，即伴随我们日常生活中自然发生的事情随时随地进行，如爬山时会说"这点困难哪能难倒我们男孩子呢"，希望同学互助时会说"男生要帮女生拿一会儿，体现男子汉气概啊"，也会说"有好吃的，女生别忘了分男生一些，要相互照顾哈"，还经常会针对一些特别情况说"要有女孩子的样子""要有男孩子的样子""男儿有泪不轻弹"，等等。这些都是自然状况下发生的性别教育。至于性别教育应该从什么时候开始，我个人觉得其实从孩子出生后就开始了。也就是说，教育并不仅仅取决于教育者的主观意愿，还受到被教育者特征的影响。当父母知道自己的孩子是男孩还是女孩时，父母自身对性别的认识和期望就会不自觉地影响到亲子互动的每个方面。比如，父母在给孩子买衣服时所选的颜色、款式，给孩子选故事书和音乐时的主题、包装，给孩子选玩具时的类型、材质等，都不自觉地带出了对性别的期望，不自觉地践行着性别教育。只是，这些未必都上升到意识之中。当然，也有很多是有意识的性别教育，比如要求男孩要站着撒尿、女孩要蹲着撒尿等。也有国家提出在孩子4岁时，异性父母要和孩子一起洗一次澡，使尚未建立性别意识的孩子在一种自然的状态下，能接收到关于不同性别人体外形结构差异的直观信息，作为性别认识的重要方法。到青春期，即以第二性征发育为界，这时通常会开展比较集中、指向明确的性教育。性教育和性别教育并不完全相同。性教育只是性别教育的组成部分。

在上述这些性别教育中,有一项内容非常重要且必要,即基于性别的自护教育。它包括卫生清洁的教育,避免运动伤害的教育,还有人际交往中的自护教育。卫生清洁,主要是指要教给孩子定期清洗阴部,养成健康发育的良好习惯。通常这是家庭教育的重要职责。避免运动伤害,是指在游戏或者体育运动的时候,要关注对男女生阴部和女生乳房的可能伤害,要教给孩子避免伤害或伤害自救的方式方法。如骑自行车、骑马等的摩擦损伤,球类运动时的直击伤害,摔跤、击剑等近身搏斗时的误伤,等等。通常,专业的机构、教练对此都有专业的知识和足够的经验,他们会及时提醒、教育和帮助孩子。由于卫生清洁教育和避免运动伤害教育都是在特定环境、特定情境中发生的,所以相关的自护教育比较明晰,也更容易把握。而人际交往中的自护,由于涉及的情境相对宽泛,教育起来也就更具挑战性。

人际交往中的性别自护教育,其本质是一种"底线教育"。无论身处什么样的人际交往中,都不能突破最后的底线。也就是,要守好底线。这对于未成年人的健康成长而言,尤为重要。那么,基于性别自护的需要,其底线到底是什么呢?

建立隐私及隐私保护的概念

从小就要告诉孩子:每个人都有一些不能被人随便碰触的地方,也有一些不能随便和人谈论的话题,这就是隐私。一般来说,只有你最信任和最亲密的人,才有可能碰触、谈论你的隐私。医生是特例,但也必须得到你的允许才行。还有,在你没有长大、没有独立成人之前,即使去看医生,也必须要有父母或其他监护人陪同,才能做涉及隐私的必要检查,等等。

隐私教育的关键,其实是在培养孩子的权利意识,同时确保这个社会是在尊重孩子尤其未成年人正当权益的基础上运作的。这是底线中的底线。

所以，如果孩子不同意，那么即使是父母，也不能随意触碰孩子的隐私处，不能随意谈论涉及孩子隐私的话题，否则都是对孩子的不尊重，甚至是侵权和妨害。这也是对孩子进行的自尊教育，是对孩子进行独立人格培养的重要组成。同时，在很大程度上，也可以避免在西方国家多发的家庭中年长者对年幼者的猥亵与性侵害事件的发生。

设立身体范围的底线

在公众场合，穿衣时能够穿到最少时所遮蔽的范围，即身体范围的底线。显然，泳衣是最直观的形象判定，也最容易使孩子了解并记住这一身体范围底线。而且男女生不同。女生分为上身和下身，男生以下身为主。这和第二性征的发育无关。也就是说，女孩子的胸部和阴部、男孩子的阴部，无论孩子是否出现第二性征，都是不能被随便触摸的。任何人有意识地触摸这些地方，尤其是反复触摸，并且伴随奇怪的表情和语言，都是绝对不被允许的。父母或者老师要将这个底线清晰地告诉孩子，并且要告诉孩子，一旦发生这些情况，就要马上告诉父母或者父母委托的临时监护人，或者他／她身边最信任的成年人，请求保护。接下来，父母将会全权处理，并最终给孩子一个合理的解释。

通常，关于身体范围的底线教育，实施时要自然一些，可以结合游泳课进行，也可以结合各种出浴的时候进行，需要反复、多次提醒。家庭要有意识地配合学校的教育，即要尊重异性子女在父母面前的穿衣方式，确保孩子的自护意识深植心中，成为一种自觉行为。至于如何识别被猥亵或者被侵害行为，以及一旦发生该如何应对等，无论是在课堂上告诫学生，还是在私下里告诫孩子，表情都要郑重、严肃，使他们意识到问题的重要性，达到告诫的目的。通常不需要反复提醒，否则容易人为地将事态严重化，尤其对于年龄较小的孩子，可能还会对其造成惊吓。对于个别特殊的学生，多采取私下再次提醒的方式。

班级人际关系出现矛盾怎么办？

三 设立社交行为的底线

主要是通过帮助孩子识别亲密关系中的行为方式，从而建立社交行为的底线。人类的交往方式与各国的文化背景密切相关，因此，识别是否属于亲密关系的行为方式时要兼顾国情的因素。比如在中国，拥抱和亲吻都属于亲密关系下才有的交往行为，在普通关系中这样的交往行为很少见，即使是熟人之间也非常少见。但在不少西方国家，拥抱和亲吻却是较为常见的熟人之间的问候方式。因此，要告知孩子，如果有人以这种行为方式对待自己，尤其并不是来自亲密的家人，还同时伴有不被允许的触摸、奇怪的表情和语言，一定要迅速挣脱，想办法离开，并且马上告知父母或其他监护人，寻求保护。

除了拥抱、亲吻，还有一些比较模糊的临界行为。比如，目光总是停留或反复游移在孩子不被允许碰触的身体范围的底线之内；比如，不断地触摸孩子的脑顶或者后背，或者不断按住其肩头，或者不断碰触孩子大腿甚至大腿内侧等，如果这时还伴有一些奇怪的表情和语言，那通常也是危险的，应立刻有所警觉，并做好随时撤离的准备。同样，需要在第一时间告知父母或者其他监护人。表达友善且安全的行为方式，通常包括握手、碰触肘部或者上臂外侧，还可以触碰膝盖但避免触碰膝盖以上。这都是安全的社交行为。所以，社交行为的底线，一是来自明确的碰触范围和碰触方式，二是以当事人"舒服"或者"不舒服"的感觉为界限。凡是令孩子"不舒服"的，均可被定义为冒犯，严重的甚至可被定义为侵害、猥亵等不良行为。

四 设立社交场所的底线

这和孩子的年龄大小无关，即使是没有出现第二性征的孩子，也要注意避免参加那些缺少负责任的成年人监管的社交活动，避免去以异性为主、自己容易落单的社交场所，避免去和某位异性单独在一起的封闭空间，更不能去不适合未成年人逗留的娱乐场所。如果前期防范意识不强，已经进入上述这些社交场所，那首要选择尽快离开，其次可以借"与家人通话"的方式来"警告"有不良企图的异性。通话时，要告知家里人自己在哪里，预计何时离开，甚至可以要求家里人来接。这个电话最好是当着这些社交同伴的面拨打，这对于那些有不良企图的社交同伴而言，无疑是一个不可忽视的警告，也为后续能安全顺利地离开埋下伏笔。最后，就是要尽可能减少社交空间的封闭性和私密性，如打开门窗、不断点餐以增加服务员进出的频率，或者直接提出更换地点等来进行有效的防范。

可能还有一些底线需要考虑，然而在我看来，上述四条是必须的。做到了，则可以最大限度地降低被性侵害的概率。至于能否做到切实遵守这些底线，尤其当被触犯了这些底线时，是否能勇敢地说"不"，则和孩子是否拥有自信、勇敢的品质有很大关系。通常，安全感强的孩子自信、勇敢，否则容易自卑。自卑的人由于自我概念很差，不相信自己可以保护自己，不相信自己值得被信任，也不相信自己值得被好好爱护，所以有时会选择自暴自弃，放任伤害发生；有时会因怯懦退缩而不敢自护，继而任伤害发生；有时也会因赌气或者急于证明自己，放任自己走入危险的境地而最终无法自救。这些孩子即使察觉到底线被突破，通常也无法勇敢地说"不"！所以，教育并引导孩子绕开被性伤害的泥沼，不是简单地设立底线即可，需要从根本上帮助孩子树立良好的自我概念，让孩子懂得自尊自爱、自强不息，才是关键。

如果伤害已经发生，那么后续跟进处理以及最终给孩子一个合理的解释不仅非常必要，而且同样具有值得探讨的教育性。在跟进处理中，首先要避免事态扩大化，一定要在最小的范围内处理，避免更多不相干人员卷入。通常不相干人员无法感同身受，也不具备专业素质、缺乏训练，难免会夸大其词，甚至闹得沸沸扬扬，这会对孩子日后继续正常生活产生极坏的负面影响。

其次，对作恶者一定要严肃处理且严惩不贷。一旦情况属实，无论怎样低调处理，对于作恶者都绝不能姑息或迁就，一定要对其严厉惩罚。否则，当事的受害者以及未来更多未成年人的身心健康将无法得到保障！这是绝对不可以讨价还价的部分，也是国家法律严厉打击的重点工作之一。

再次，要始终关注当事孩子的感受，要以其切身利益和未来发展为第一要务。尤其在给孩子合理解释的时候，一定要明确肯定孩子的勇敢，明确告知孩子事实的真相：是误会，还是一种不可饶恕的"错误"。并且要告知孩子处理的结果。当然，要用孩子能懂的语言。比如，为了不让更多的小朋友感受到"不舒服"，能每天快快乐乐地上学，这样的人不能再当老师，他已经被责令离开学校，去接受再教育了……

最后，还需要和当事孩子再次澄清这些底线，并看着孩子的眼睛肯定地告诉孩子：发生这些事情我们感到很遗憾，也很抱歉，但是你没有任何错误，有错误的是那些人。你不但是个好孩子，还是一个勇敢的好孩子，因为你的勇敢，使得更多的孩子在他们的学习生活中得到了保护，可以更加健康快乐地成长。谢谢你！同时，相信你也会在接下来的学习生活中找到更多的快乐，获得更大的进步……。因为很多孩子在这种时候都会怀疑自己是否做错了，才导致出现了一些"不好的"结果。所以，家长、老师和所有孩子信任的人，都要不断地向他保证，强化他是个"好孩子"的概念。这不但有助于孩子尽快从所受的伤害中走出来，而且能够顺利开始以后的正常生活。所以，在处理和善后过程中，周遭成人正确的心态和处事方式，都将起到很积极的暗示作用和很好的示范作用。

为确保孩子的身心健康，让我们一起教孩子学会"守好底线，勇敢说不"吧。

（芦咏莉，发展与教育心理学博士，曾任教于北京师范大学心理学院，现为北京第二实验小学校长）

9 学生与科任教师关系紧张,怎么办？

学生：误会使然，引发关系紧张

勇敢说出你的爱

"董老师，你班的小芮太过分了！我以后不给你们班上课了！"教音乐的王老师气冲冲地找到我投诉，原因是小芮在课堂上竟然将一幅龇牙咧嘴的漫画贴在王老师的后背上，惹得全班哄堂大笑。

课间操时，我把班长和学习委员叫到办公室了解情况。原来，小芮经常在班里向同学宣扬："音乐课没有用，不需要认真学，马马虎虎过得去就行啦！"事情真的是这样吗？问题的根源到底在哪里？我苦苦思索着解决问题的方法。最终，我决定立即召开班会，以此来纠正他的错误思想。

于是，一节精心设计的"说出你的爱"主题班会拉开序幕。一开始，我就在课件上出示"你最喜欢哪位老师""原因是什么"等问题。学生纷纷踊跃回答。小新说："我喜欢语文老师，因为她教会了我很多知识和学习方法！"爱唱歌的小轩说："我喜欢音乐老师，因为她教会我很多好听的歌曲。"这时，我偷偷看了看小芮，他正歪着小脑袋若有所思呢。我便叫他起来回答。只听他支支吾吾地说："我喜欢语文、数学老师……"我故意问道："那音乐老师呢？""我不喜欢！"他回答得很干脆。"为什么不喜欢？"我盯着他的眼睛问。"因为……因为我从小就五音不全，没有唱歌的天赋，音乐老师肯定不喜欢我，我也就不喜欢她。"

原来如此！因为先天的五音不全，所以小芮心中一直藏着深深的自卑。

他只是想用一些特殊的方式引起老师对他的注意！

　　于是，我微笑着问学生："你们的妈妈爱你吗？""妈妈当然爱我！"提到妈妈，学生的眼睛都亮了。我环视着大家，说道："每一位老师都是你们在学校里的妈妈，她们都发自内心地爱着你们。我们来做一个勇敢者的活动，如果你是一个勇敢者，就勇敢地说出你对老师的爱，当然也可以用写小纸条的方式表达。活动为期一周，下次班会时我们来做交流汇报，大家觉得好不好？"听到这个充满新意的活动，学生都兴奋起来，点头同意。

　　两天后，王老师神秘地凑到我的桌前，递给我一张纸条，说："董老师，您快来看看吧，我觉得我都要哭了！"我打开纸条一看，上面写着这样一段话："王老师，其实我很喜欢唱歌，但是我五音不全，我一张嘴大家就笑我，我觉得您也在笑我，所以才对您有偏见。要不以后上音乐课我不唱歌，专门负责给同学们打节奏吧！上次的事是我不对，我向您道歉。老师对不起，老师我爱您！"看完后，我的眼睛也湿润了。一个八九岁孩子心里是多么渴望得到老师的关注和认可啊！

　　接下来的几天，我几次在楼道里遇见哼着小曲的小芮。又一次班会召开时，一个个"勇敢者"被选了出来，望着那一张张洋溢着自信的小脸，我的心中充满了感动和释然。

（董凯歌，山东省德州市临邑师范附属小学）

教师：不慎言行，导致关系紧张

绰号风波

"李老师，咱班小张真是没治了。他不按时完成作业不说，上课还不回答问题；平时见了我爱理不理的，现在居然给我起外号——'马大郎'，分明是笑话我的身高，简直气死我了！"这天刚上班，数学马老师就气呼呼地来找我。

课间，我把小张找来谈话，进行了批评教育，要求他向马老师道歉。可他却摆出一副不认错的样子，嘴里还振振有词："哼，是她先给我起的，还起了好几个呢！欺负俺是农村来的，嫌俺土。"我心里一惊，让他细细道来。

原来，小张来自农村，身高一米八八，是篮球特长生。作为班里最高的男生，他在同学堆里很扎眼。有一次，马老师看到这一幕后随口说道："小张，你太高了，简直就是移动公司的发射塔啊！"于是小张在校园里有了个绰号——"发射塔"。小张文化课基础比较差，一次数学测验他又没及格，影响了班级的及格率。马老师在班里讲评试卷时，头脑一热说道："小张数学不及格，叫什么'天资'，改叫'张愚钝'得了！"顿时，全班哄堂大笑。从此，"张愚钝"就这样在私下里叫开了。更巧的是，上周五马老师到餐厅值班，学校实行集体配餐制，午餐主菜是红烧鲅鱼，而小张吃的是冬瓜排骨。马老师误以为他搞特殊，就嘀咕了一句："别人吃鱼你吃排骨，搞什么特殊，真是'土包子开花——没治'了！"于是，小张又得了个绰号——"张没治"。

听了小张的话，我的心情很复杂。己所不欲，勿施于人！教师在教书育人工作中一定要谨言慎行，想要赢得学生的尊重，首先要学会尊重学生。只有互相尊重，才能和谐共存，千万不能以教师身份自居，高高在上，口无遮拦，给学生带来伤害，导致双方紧张。马老师虽然本无恶意，但无形中却侮辱了学生人格，也损害了自己的教师形象。

仔细斟酌后，我和马老师深聊了一次，谈了自己的看法，并告诉她"小张吃鱼过敏，所以餐厅才给他另外做了冬瓜排骨"的事实。言罢，马老师幡然醒悟，表示以后一定要改掉信口开河、乱起绰号的毛病。后来，她不仅在数学课上当着全班学生的面向小张道歉，还抽空帮他补习功课，令他的数学成绩有了很大提升。另一边，小张也跑到办公室向马老师认错，并承诺再也不乱叫老师绰号了。如今，师生二人不但"冰释前嫌"，还成了好朋友。

（李波，山东省淄博市桓台第二中学）

双方：缺乏理解，紧张关系升级

一 场 风 波

第一节下课后，小宋老师一进办公室便冲我大发牢骚："陈老师，你们班班长上课成心捣乱，这英语课没法上了！"说完，她气愤地把手里的东西往办公桌上一丢，坐在椅子上直喘气。

班级人际关系出现矛盾怎么办？

见状，我脑中快速闪过两个疑问：小宋老师工作热情高、专业知识扎实，讲课深受学生欢迎，为什么这次生这么大气？而我班班长一向遵规守纪、学习积极，并且很注重自己在同学中的威信，为什么会公然在课堂上捣乱？

为了缓和气氛，我递给小宋老师一杯水，关心地说："宋老师，先喝口水消消气。班长在课堂上公然捣乱，我决不姑息，一定彻查！"

小宋老师喝了一口水，心情稍微平静下来，说道："你班班长学习基础好，我很看重他。然而上周五，我让他回答问题，可他站在那里欲言又止。我提示他，他仍不吭声；再问他，他则干脆甩了一句'我不会'，真让我下不来台，于是我便批评了他几句！"说完，她叹了口气。

"那今天课堂上又是什么事？"我问道。

"本以为事情就这样过去了，可今天他又没交作业。我说既然这样，首先罚写两遍，此外单词、句子、短文各罚写五遍，再不交加倍！您猜他说什么？'我从今往后都不写英语作业！'瞧瞧，跟我杠上了！他都带头这样，让我以后怎么管其他人？"小宋老师越说越激动。

的确，我班班规明确规定：各科抄写巩固类作业无故不能按时完成者，在规定时间内写两遍，其中一遍为补写，另一遍为罚写。这条规定是全班学生商讨后一致通过的，大家平时都照此执行，并没有出现异常。所以我很纳闷，班长平时朴实好学，是公认的品学兼优的典范，他怎么反应这样过激呢？

大课间时，我把班长和他同桌叫到办公室了解情况。我对班长说："你在班里是大家学习的榜样，对班级工作尽职尽责。今天在英语课上和宋老师闹得不愉快，我想这不是你的本意，你一定有你的理由，和老师谈谈好吗？"

班长犹豫了一下，说："好！我是山区来的，英语发音不太标准，于是每次我读英语，小阳都嘲笑我，弄得我上课回答问题时变得很紧张，我怕读不好大家会笑话我。"

"原来是这样！那不交作业又是怎么回事？"我接着问道。

"宋老师不问青红皂白就在班上批评我，我很难受，就没写作业。今天她又罚写五遍，当天根本写不完，而且影响我做其他作业，所以我干脆就说不写。"班长有些委屈地说。

我心想：果然有隐情！找到问题的症结就好办了。我接着问："我知道你是个自尊心很强的孩子，可这样下去问题不仅得不到解决，还会令你和老师的关系变得更紧张，这不是我们期望的，对吗？"

"对！"班长点点头说。

我话锋一转："我们换位思考一下，如果你是宋老师，你会怎么做？"

"最起码问清楚情况再批评，我不会在班上乱发脾气！"班长坚定地说。

"有思想！可是老师也是普通人，遇到这样的突发情况，一着急也会说错话，尽管出发点是好的。那你反思一下自己，有没有做得不合适的地方？"我反问。

"我不应该在课堂上顶撞老师。这样既影响了课堂秩序，又影响了我和老师的关系。"班长低声说。

"是啊。老师生气的原因就在于此！"我总结道。

"您放心吧，我去向宋老师承认错误！"班长不好意思地说。

待我们走进办公室，我对宋老师说："这事果然有内情，现在你来听一听吧！"宋老师听完班长的解释和道歉笑了，说："老师是气糊涂了，不该没调查就向你乱发脾气。希望你能按时完成作业，以后多和老师沟通，针对英语发音的问题，我们做个学习计划，争取尽快纠正错误，达到标准！"

"谢谢老师！"从班长的脸上，我看到了摆脱精神负担后的欣喜。

误会解除了，师生紧张的关系得以疏解，一场风波就此平息。

（陈海燕，河北省保定市唐县第五中学）

调和关系：理解信任是重点

案例

处理紧张关系，宜缓不宜急

在班主任工作中，我经常会遇到学生和科任老师关系紧张的问题。我的经验是，牢记一个"缓"字，即解决问题时要心态平和，注重调查，学会等待。

学生小斌个性活泼，是个爱说好动的阳光男孩，与同学关系融洽，跟大多数科任老师的关系也很好，更是我这个班主任的得力助手。不但如此，小斌学习刻苦，成绩在年级段名列前茅。可就是这样一个优秀学生却始终和物理老师关系紧张。物理课上，小斌不是接老师话茬儿——"胡乱"提问题，打断老师讲课，就是在下面搞小动作、看课外书，有时累了还会睡上一觉，弄得物理老师哭笑不得。在几次批评教育不见成效，甚至小斌还"变本加厉"的情况下，物理老师只好将这事报告给我。

我听了很迷惑，小斌并不是那种调皮捣蛋的学生，而且他的物理成绩也十分优秀，因此，我没有急于找他谈话，而是先找到班级干部、物理课代表了解情况。大家都反映小斌确实上课乱说乱动，扰乱课堂，物理老师常常不得不停下来对他进行批评教育。不过，物理课代表说小斌也有认真听讲、认真做实验、认真做练习的时候。听他这么一说，我更觉得蹊跷了，这究竟是怎么回事呢？

为了弄清事情的原因，从根本上解决问题，我静下心来，仔细观察、了解小斌的各种表现，甚至开始坐班听物理课。我发现，表面看小斌并没有因为班主任听课而规规矩矩上课，仍然我行我素，可实际上他"捣乱"时提出的一些问题，并不是故意搅乱课堂，而是对老师讲课内容的再延伸。这些问题可能考试不会涉及，但却是进一步学习时需要掌握的知识。我还观察到，在遇到学习难点、重点问题时，小斌能够静下心来认认真真听课。对于这些问题，他不仅听得认真，而且还会做笔记，经常是边听课，边认真思考；可一旦问题解决了，他就会在下面玩。当然，遇到思考后仍然存在的疑问，他就会不管不顾地提问，因此常常打断老师讲课，甚至有些提问让老师也措手不及，一时间难以回答。可他仍"穷追不舍"，弄得老师很尴尬，课堂就会出现一些小小的混乱局面。

了解情况之后，我决定找小斌单独沟通一下。

"小斌，你喜欢物理课吗？"我问道。

"喜欢啊，我物理课一向学得很认真的。不信我把物理书拿给您看看，那上面记录了我很多解题思路和对问题的思考，还有查找的相关资料！"小斌很是自信地说。

"那你上课怎么总是打断老师的教学呢？"我又问。

"我没有啊！您是说我上课总爱提问题吧？物理老师找我谈过，说我是故意跟他作对。其实，我是遇到问题就想问一下，弄不明白我会很着急的！"小斌一脸无辜地说。

"那怎么有时你又在下面搞小动作呢？还睡大觉？"我追问。

"因为我已经听会了呀！再者说我那么积极地提问、讨论，也忙乎累了，自然要休息休息！"小斌回答得很直率。

我想了一下，然后语重心长地对小斌说："你既聪明又有好的学习方法，对问题的理解要比其他同学快得多，也深得多，所以你就急于提问；但大多数同学还没有理解，你这样既打断了老师的讲课思路，也影响了其他同学听课，可以说有点'小自私'吧。再者说，你上课搞小动作、睡大觉，既浪费了课堂有效学习时间，也是对物理老师的不礼貌、不尊重。"

听了我的话，小斌才意识到自己的问题，很内疚。于是，他主动向物

班级人际关系出现矛盾怎么办？

理老师承认了错误，道了歉。我也把和小斌谈话的情况，以及自己对小斌表现的观察与思考结果跟物理老师做了很好的沟通，物理老师也表示理解。

不过，对待小斌也不能听之任之。经过研究，我和物理老师决定：首先，从因材施教和分层教学的角度出发，物理老师每周单独给小斌布置一些难度较大的习题，并指导他自学高年级的课程，满足他的"求知欲"。其次，我们给小斌报名参加"科技兴趣小组"。物理老师作为小组指导教师，帮助他进行机器人制作，准备航模比赛。这样，小斌闲下来时就会全身心地投入发明创造中，对他的发展和潜能开发大有裨益。最后，根据小斌的"问题"，在班级开展大讨论。在讨论中，同学们不但帮助小斌解决了许多小问题，改掉了许多小毛病，而且也一致认为应该向小斌学习，勤于思考总结，寻找学习规律，开发自身潜能。

经过一段时间的努力，小斌逐渐改掉了课堂学习中的不良习惯，和物理老师的紧张关系也彻底缓和了。如今，他的学习成绩又跃上了一个新台阶。

（钱志蛟，刘晓梅，吉林省舒兰市第三十一中学）

牵手学生　共同面对

一次批阅学生周记时，我发现班里不少学生都反映本班的数学老师在课堂上爱发脾气，尤其对成绩较差、表现不好的学生批评起来毫不留情。这让不少学生对其产生了不满情绪，甚至有个别学生在周记里说要罢课。

这件事引起了我的高度重视，因为一旦处理不好，会让已经紧张的师生关系继续恶化，后果将不堪设想。深思熟虑之后，我决定把主动权交给学生。我们约定在班会课上进行讨论，主题就是运用所学的矛盾分析法来评价"我的同学和老师"。

班会课上，我首先提出一个问题："你的同学中有完美无缺的人和一无是处的人吗？"学生踊跃发言。讨论中，大家不约而同地提到班级劳动委员，说他虽然有点小毛病，但在其他方面做得很好。我充分肯定了学生不但能够客观评价同学，而且还真心地帮助他。

接下来，我提出另一个更让我关心的问题："近来很多同学都反映我们班有位老师爱发脾气，还喜欢当众批评学生。如果说这是老师的缺点，那么大家能说说他有哪些优点吗？"

也许我的问话过于突然，学生变得迟疑起来。终于，我用真诚换来了学生的信任，他们开始畅所欲言："他从不迟到！""他每堂课都会板演很多例题，衣服上经常落满粉笔灰！""他总会在我的作业本上把错误标出来！"……最后，有个学生怯生生地说："如果他的脾气能好一些，真的是个好老师。"

于是，我反问学生："既然这样，大家为何不把这些发自内心的赞美和建议告诉老师呢？"看到学生面露难色，我说："如果大家觉得当面说不好意思，想想还有什么好办法啊？"

"给老师写封信！"有学生提议。我立即表示赞同，并安排由课代表执笔，将同学们的想法写进信里，交给老师。

几天后，数学老师主动找我交流。他说没想到在孩子们眼里自己有那么多优点。说到他曾因恨铁不成钢而对学生们发火时，数学老师面带歉意地笑了。那一刻，我心里别提多高兴了，我知道自己的努力没有白费。

（陶佳，安徽省庐江中学）

班级人际关系出现矛盾怎么办？

做师生间的"和事佬"

在我看来，科任教师与学生之间本没有利益冲突，只是有时因双方缺乏相互理解、信任而导致误会甚至出现矛盾。因此，及时消除误会和矛盾，重新构建理解、信任的桥梁是关键。

有段时间，由于我班数学张老师休产假，学校安排赵老师中途接班。和张老师一样，赵老师也是业务骨干，教学技艺精湛，理论功底深厚，按理说带我们班数学没什么问题，可没过几天，学生就开始反映"赵老师上课我们听不懂""赵老师的课堂纪律不好"，还有人赌气不交作业，甚至当面跟赵老师顶嘴。见到苗头不对，我立即出面干预。

想到这次事件是因为学生对赵老师的授课方式不适应所引起的，我便先去跟他们沟通。我对学生说："我们班临时换了一位数学老师，有些同学不适应，这是正常的。就像每个人都有自己的个性一样，每个老师也都有自己的教学风格。大家已经习惯于张老师的教学方式，现在却突然要去适应赵老师的教学风格，的确不容易。可张老师只有一个，我们必须接受现实。赵老师也是我们学校的业务骨干，况且他的教学任务本来就是饱和的，这次是临危受命来带我们班的数学课，我们为什么就不能理解他呢？"

学生听后，一个个惊诧不已——他们没有想到临时换老师的背后竟然还有这么多故事。

接下来几天，班干部反映赵老师的课堂纪律好了许多，同学们也在努力配合，但是课堂气氛较原来张老师的课堂仍有些不融洽。我知道事情到此并未结束，如果不采取措施，仅有的这点效果有可能化为乌有。

深入反思后我认识到，之前我和学生交流、沟通，只是化解了学生难以接受赵老师的心理问题，而由于调换老师引发的学习不适应并未彻底解决。因此，我需要通过引导学生自身努力，来化解因调换老师而带来的压力和不适。

于是，我把班里那些数学成绩较好的学生动员起来，成立一个数学学习中心组，每天数学课后及时帮助同学们消化课堂内容。一周后，赵老师要组织一次考试，中心组成员便自发组织同学复习、梳理。考试过后，当发现考试成绩比张老师教课时还好时，学生们很兴奋。

借此机会，我和数学课代表找到赵老师道谢："赵老师，您辛苦了！这段时间以来，您为我们班付出了许多，我俩代表全班同学感谢您。当然，开始时有些学生因为教学风格的不适应与您发生了一些不愉快，但绝大多数学生还是非常喜欢您的。他们不但非常珍惜您的每一节课，还私下成立了数学学习中心组，每天都抽出时间消化、复习当天的数学课内容……"

听了我的话，赵老师笑着说道："杨老师，谢谢您的支持和理解！即便一开始有学生上课跟我顶嘴，其实也没什么。由于临时更换老师，孩子们一开始不习惯，有些焦躁，这也是正常的。经过这一段时间的磨合，同学们不是也适应了吗？"

听到赵老师这样说，我心里的一块石头终于落了地。

（杨绪兵，湖北省襄阳市保康县职教中心土门校区）

风波之后……

"你给我站住……回来……"我刚走到教室门口，只见我班班长小明破门而出，生物老师紧跟在后，高声叫嚷。双方见到我后都停了下来，我连忙示意班长到我办公室等我，然后询问生物老师事情的经过。

原来，快结业了，生物老师提前给学生印了一些复习资料，哪承想前天刚发昨天就有几个学生弄丢了，于是生物老师又把剩余的资料补发给他们，并嘱咐好好保存。可是今天一进教室，我班小明就嚷着："老师，我的生物资料也没了，还有多余的吗？"生物老师没好气地说了一句"丢了好，爱学不学，好像谁求你们学似的"，然后就开始上课。可没承想，小明却写起了其他科作业，于是她走过去一句话没说，就把本子收了，扔到讲桌上，准备继续上课。这下小明火了，站起来大声质问："凭什么扔我的作业？你不是说学什么都行吗？"于是双方开始争吵……

事情已经很清楚了。我回到办公室，对小明批评教育了一番，小明也承认自己上生物课写其他科作业不对，但似乎还要说些什么，被我制止了。随即，我让小明当着全班同学的面向生物老师道歉，生物老师也原谅了小明。

我以为事情到此就结束了。可几天后，生物老师又找我告状，说小明和几个学生租住在她家楼上，最近她发现自家平台上经常出现诸如一次性饭盒、瓜子皮、纸屑等垃圾。她找到楼上业主，对方答应会处理，可还是隔三岔五地在平台上发现垃圾。如果说学生没有好的卫生习惯，为何以前没发生这种情况？

获悉此事后，我大为恼火，恨不得当即把小明找来问个究竟。可冷静下来仔细想想，我意识到自己在处理生物老师和小明紧张关系的方式上过于简单。首先，在事情调查过程中，我只询问了生物老师一方，却没有向小明做任何了解，更没有向其他学生进行了解，就做出判断并给出解决途径，让小明觉得老师偏袒。其次，只顾及任课教师的辛苦和尊严，没有站在学生的角度，换位思考学生的感受，没有为学生情绪找到出口。最后，没有给当事双方反思自我认知事件的时间，使双方尤其是小明无法从内心真正意识到自己的错误，反而因受班主任批评更迁怒生物老师。

基于以上反思，我决定开展对小明的后续教育工作，以免激化矛盾。于是，我找准时机与他深谈了一次。谈话中，我先就自己在上次事件处理中的失误向小明做了检讨。接着，我重点说明了生物老师对我们班的关心，以及利用课余时间查找资料、复印资料的辛苦。我作为班主任，他作为班长，从全班的角度上看应该感谢生物老师的付出。我还告诉他，生物老师事后也检讨了自己因情绪急躁而导致的语言不当，对事件的发生也应负有很大责任。最后，我引导他认识到，即使在课堂上与老师有矛盾，也要学会理智处理,不要争执和负气,课下要多交流,这既是尊重老师,也是解决问题的最佳方法。

这次谈话后,生物老师家的平台上再也没出现垃圾,我想我的教育确实起了作用。

(张保祥,黑龙江省尚志市亚布力镇中学)

小贴士

处理关系紧张的"六不要"

学生与科任教师一起学习,发生磕碰在所难免。当二者关系紧张,甚至发生冲突对立时,作为班主任,我们需切记"六不要"。

不要发火

学生与科任教师关系紧张,尤其是发生"顶牛"甚至肢体冲突,将矛盾推到了难以调和的地步时,班级的声誉和学生的形象都会受到严峻挑战。此时,班主任一定要有"任凭风浪起,稳坐钓鱼船"的定力,沉着、冷静、有条不紊地处理问题。千万不要牢骚满腹,怨天尤人,或是怒火顿生,咬牙切齿,甚至赌气甩手"撂挑子",这样不仅于事无补,还会暴露出班主任素质不高、能力有限等问题。

不要偏向

学生与科任教师关系紧张时,一般情况下,科任教师都会怒气冲冲或

者满腹委屈地找到班主任,陈述事情经过,阐明自身理由,并提出严肃处理学生、要学生诚恳向其道歉等强烈要求。此时,班主任或怕班级声誉受损,或碍于同事情面等,都会自觉不自觉地将"理"的"天平"向科任教师倾斜,从而做出有利于科任教师却不利于学生的处理结果。果真如此,公理何在?更何况在当下,学生也不会接受这样"偏颇"的处理结果。因此,班主任应排除各种因素的干扰,从事实出发,不偏不倚,客观公正地处理问题。

不要臆断

学生与科任教师关系紧张甚至发生冲突时,班主任千万不要让情感冲昏头脑,失去理智,想当然或靠猜测来推理事情的缘由经过。这不仅会让当事者蒙受"不白之冤",还会进一步激化矛盾,让师生关系更加紧张对立。因此,班主任要让理智驾驭自己,从客观实际情况出发,深入了解,广泛调查,仔细研判,还原事实本来面目,为接下来的处理工作奠定公平公正的坚实基础。

不要偏信

当学生与科任教师关系紧张时,作为双方当事人的调和者,不要听信一面之词,也不要受"首因效应"的影响,而是要认真倾听当事教师、学生的陈述,仔细听旁观者的讲述,虚心听取各方面的意见或建议。"兼听则明,偏信则暗"。只有听取多方陈述,班主任所掌握的信息才是全面、客观、可靠的,在此基础上所下的结论才可能是正确的,所处理的结果才可能是公平、公正的。

不要严惩

受传统师道尊严影响,一些老师认为学生与教师关系紧张甚至发生冲突,是大逆不道的行为,所以严惩当事学生是天经地义的事。殊不知,错误不一定全在学生,即便是学生的错,也当记得"人非圣贤,孰能无过"。因此,班主任应该采取能宽则宽、宜宽不宜严的态度,允许学生犯错误,并给学生改正错误的机会。这对学生的教育会更深刻,正所谓"有时宽容所引起的道德震动比惩罚更有效"。

不要护短

当本班学生与科任教师关系紧张时,班主任千万莫要"护短"。"修身以不护短为第一长进。人能不护短,则长进至矣"。假如是学生的过错,就应"秉公办事",要求学生向科任教师承认错误并真诚道歉,必要时班主任还要主动担责。这样不仅能维护科任教师的尊严,激发其努力教学的积极性,还能在广大师生中树立起班主任"公平公正、不徇私情"的良好形象。

(李恒功,张树民,山东省邹平市实验中学)

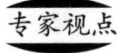

论班主任领导力的实现
—— 基于对班主任、学生与科任教师关系的思考

当学生与科任教师关系紧张时,班主任的第一反应是要解决问题,但

班级人际关系出现矛盾怎么办？

就思维方式而言，还需要继续思考：为什么会出现问题？如何避免问题的发生？如何带领学生和同事们走上一条教育发展与人生幸福的大道？

一系列的追问与思考，事实上是要实现班主任从"法官"到"老娘舅"，进而到"领导者"的两重超越。他必须要面对不确定的情境，以气魄和智慧判断是非曲直、解决问题，更需要有建设新关系、引领新发展的勇气与力量。

一 班主任作为问题解决者

当学生与科任教师关系紧张时，无论是学生，还是科任教师，都会自然而然地想到找班主任。这事实上也阐明了班主任的基本角色：他是学生成长的关键人，介入学生的班级日常生活世界之中；也是以班级学生为基础的教师团队的领导者。基于此，他需要面对班级内发生的各类事件乃至危机，是一个问题解决者，而非旁观者。

1. 班主任需要明晰问题解决的原则

学生与科任教师间的紧张关系，往往是围绕着学习过程、个性特征、交往方式、表达方式等出现；尽管很少涉及政治、经济、军事等冲突，但依然有着演化为危机乃至发生惨剧的可能性。

班主任对此类问题的处理，需要坚持理性、公正、关心等基本原则。

理性原则是指不意气用事，以科学的态度对待问题，以理智的思维分析问题，以合理的方式方法化解矛盾。公正原则是指不偏不倚。鉴于班主任角色的特殊性，他既可能被学生视为科任教师的同事，也可能被科任教师视为学生的"家长"。此时，如果班主任不保持自己的独立性，不能公正对待双方，反而有可能加剧学生与科任教师的矛盾。关心原则强调情感的投入、精神的沟通。毕竟师生关系不是经济关系、政治关系，而是共同生活与发展的关系；而且，学生与科任教师都是有情感的人，都有丰富的情感需要和情感表达的能力。因此，班主任可以更多在理性、公正的基础上，通过情感沟通，实现问题解决。

2. 班主任的问题解决过程

当我们突出"问题解决过程"这一核心概念时，也就意味着，无论对待的是简单的问题还是复杂的问题，班主任都需要保持过程意识。一系列的过程，很可能在极短的时间内发生，甚至需要班主任在危机出现之前当机立断。但如果班主任缺乏过程意识，是难以发展自己的问题解决能力的，也不利于未来的工作开展。

这意味着班主任要有察觉问题的敏感度。学生与科任教师关系紧张，这一问题的呈现可能有不同的方式，或来自教师的反馈，或来自学生的报告，或来自班主任的观察。班主任需要对这些信息来源敏感，并学会迅速判断问题的发生与发展。

这意味着班主任要有对问题的调查与分析。班主任会有更多接触学生和学科教师的机会，一旦出现问题，班主任要避免直觉性地下判断、做决定，而需要经历一个调查研究的过程。如果不与当事双方乃至多方做深入全面的沟通，如果不通过多方面了解事情发生与发展的全貌，乃至于不了解事件背后的学校影响、家庭影响、文化影响，班主任是很难做出合理分析的。而一旦信息量较为充分，班主任就能对问题的性质、后果、核心、结构等做出准确的判断。自然，并非每一件事都需要动用全部的力量去重新获得所有相关信息；班主任在日常工作中，就可以积累起这类宝贵的"大数据"。

这意味着班主任要有对问题解决方案的开放性搜寻与聚焦。交往问题是复杂的，学生与科任教师间紧张关系的性质也是多样的，因此，问题解决的可能性也是多样的。在清晰了问题并对之进行了分析之后，班主任要以开放的思维，搜寻可能的解决策略，并结合当前情境，迅速做出聚焦或选择。

这意味着要敏感于具体解决方案的实施与调整。在复杂科学视野下，班主任需要保持对各类环境、条件、变化、时间、不确定性的关注，在解决问题的核心目标指导下，及时调整自己的介入性行为，保持对问题情境的高度适应性。在一定意义上说，这是班主任作为"适应性专家"的集中体现。

这还意味着对结果的反思与重建。上述介入行为一般会产生具体的结果；而无论结果是否如意，都值得作为反思的资源，促进班主任思考与学习。

3. 班主任问题解决能力发展与学生能力培养

在班主任工作实践中，上述学生与科任教师关系紧张的情境常常会出现；同学关系、学生与家长的关系，也都具有性质的相近性。如果班主任能将上述问题归类、沟通、联系起来，那么，一个个问题处理的案例，就会联成班主任问题解决能力的发展路径。这是在充满不确定性的时代，在作为教育工作者而面对的复杂的教育情境中，班主任所必须拥有的高端能力。

更值得注意的是，培养学生的问题解决能力，这也是部分优秀班主任已经意识到的问题。班主任依然是学生的教育者；班级中发生的一切事件，都具有转化为教育事件和教育资源的可能性。因此，如果班主任能够将问题解决的过程转化为对学生的教育过程，指导、帮助、激励学生去直面问题、分析问题、解决问题，则最终获得成长的将是学生，最终体现出力量的是教育。

三 班主任作为关系建构者

班主任不仅仅是问题解决者，而且是对班级学生发展和科任教师工作整体负责的人。因此，他需要从预防问题出现、持续改进师生交往关系的角度出发，努力更新、发展学生与科任教师的关系。此时，班主任事实上不仅仅在解决问题，而且更是像"老娘舅"一样，在促成情感的发育、交往的深化。

1. 对关系价值的敏感

就人的发展而言，关系是人存在与发展的基本条件。有哲学家指出："人通过自己的活动处理各种关系，而人的活动与关系的展开，则决定人的现实的存在状况与人的现实的特性、本质和本质力量以及它们的发展。因此，人的现实的存在状况与人的现实的特性、本质和本质力量以及它们的变化发展，同人的活动和人的关系的展开与发展是一致的。"[①]这提示我们，要高度关注关系对于人之生命存在与发展的价值。存在于学生与科任教师间的关系，同样是学生和科任教师生命内涵的构成。

同时，这一关系又需要主体间相互建构、合作生成。美国学者诺丁斯指出："关心是种包含着他人，即被关心者的关系，并且我们已经指出了关心者和被关心者的相互依赖关系。"[②]这启示我们，关系的建构及其表达都是双向的，需要双方的投入、持续的努力和精心的建设。也因此，无论是学生还是教师，都有责任主动参与其中。

正是这一关系的质量，直接影响着学生与科任教师是否会出现紧张状态。班主任不仅需要自己有这样的思维品质与意识水平，而且要促成学生、科任教师的意识觉醒。这就需要借助、融入于具体的教育或交往活动之中。

2. 在班级建设领域中建立新型师生关系

事实上，班主任可以开展诸多的工作。本文作者与中小学班主任合作研究多年，已经形成整体的班级建设内容结构。诸多教育内容不仅能渗透、改进学生与学科教师的关系，而且可以直接聚焦这一主题。

一是关注学生与成人世界交往关系的建立。通过班级文化建设、主题活动开展、岗位与组织建设，班主任能够帮助建立起学生与外部世界的关系，感受、发现他人的丰富与多元，形成多元差异意识。学生越是开放，越有可能包容他人、形成相互尊重与合作关系。因此，班主任工作的量与

---

① 夏甄陶．人：关系 活动 发展[J]．哲学研究，1997（10）：6—7．
② 诺丁斯．关心：伦理和道德教育的女性路径[M]．2版．伍云斐，译．北京：北京大学出版社，2014：40．

质，为学生与学科教师间合理关系的建立，提供着直接的土壤。

二是促成学生综合素质的发展。学生与科任教师关系的建立、问题的解决，也体现着学生综合素质的发展水平。如何提升学生的观察力、理解力，如何增强学生的表达能力、问题解决能力，如何改进学生的思维品质，如何转化学生不合理的行为方式，如何唤醒学生的发展意识，都需要班主任予以关注。相对于学科教学而言，班主任有着无限丰富的育人资源，能够在班级日常生活中促成学生综合素质的发展。为此，多元、丰富而高质量的班级建设活动的开展，有助于避免或化解学生与科任教师间的冲突。

三是直接实现学生与科任教师合理关系的建立。班主任完全可能通过主题活动的开展，以主题班队会的形式，或以个别指导的方式，引导学生尊重、理解、关爱教师，推动学生主动反思、分析问题、解决问题，加强学生与教师间的直接情感交流。

总之，班主任不能总是亡羊补牢，而需要预防在先，在班级生态中建立起一个和谐、温暖、平等的"家庭"般的关系。

3. 在班级建设与学科教学的整合中推进关系建设

鉴于班主任的特殊角色，他不仅需要在自己独特的工作领域努力，还有了解各学科教师在本班级工作状态的责任。他有权利也有责任了解科任教师的工作与交往状态，无论是通过直接与科任教师沟通，还是通过学生来了解。通过这些方式，班主任能够更准确、全面地判断班级学生与科任教师的关系状态，乃至于生存质量。

不仅如此，班主任还可以直接策划相关活动，通过鼓励学科教师开展项目学习、融入班级建设的工作之中[①]；或通过组织学生活动，帮助学生和科任教师相互走进对方的生活世界与精神世界，融学科学习的内容、方法、视角、思维等于班级活动之中。

---

① 钱红霞. 实现班级建设与学科教学的综合融通：以小学语文教学与班级活动的融通研究为例[J]. 现代教学（思想理论教育），2015（Z2）：41—44.

通过上述方式，班主任能够促成学生与科任教师关系的建立与发展。而且，通过形成班级建设与学科教学的综合融通状态，班主任能够更有效地促成学生发展、群体文化的形成和交往关系的发展。

三 班主任作为教育引领者

班主任作为教育工作者，面对着全班学生的全面发展、同事的专业发展、家长的文化发展，需要更勇敢、更大气地承担起领导者之职责。笔者曾指出，班主任是"学生群体的领导者"，更是"班级这一复杂系统的领导者"。[①] 而在教育变革的时代，"管理就是适应现存状态。而领导力是创造，这也是当今时代需要领导力的原因——如今这种范例改变了，这种转变要求更多的而不是更少的领导力"[②]。

1. 班主任直接领导教育变革

当我们将班级作为学校的微观细胞，并尊重其内在的丰富性时，我们就能发现：班主任是能直接领导教育变革的，而且是教育最微观、最直接的变革。如学者所言："中国当代教育的真实发展，希望在教师；只有教师和学生，才是富有智慧与意义、挑战与成长的学校新生活的创造者。"[③]

班主任可以直接在班级中促成变革的发生。他可以和学生、同事们一起，形成班级的文化理念，建构班级的学习与发展组织，策划开展一个个教育活动，直接评价学生的发展，直接促成学生的成长。在其中，学生和教师的人性观、学生观、教育观、评价观，即师生的思维方式与行为方式，都能够出现更新与发展，从而达成新的平衡，形成共生关系。

---

① 李家成. 论作为领导者的班主任[J]. 班主任, 2012（4）: 6.
② Owen H. Creating Leaders in the Classroom: How teachers can develop a new generation of leaders[M]. New York: Routledge, 2006: 97.
③ 叶澜. 回归突破："生命·实践"教育学论纲[M]. 上海: 华东师范大学出版社, 2015: 325.

中国班主任不要浪费这一宝贵的变革资源。正是在领导变革的过程中，有关学生与科任教师关系的问题会融于改革与发展之中；或者说，随着变革的发生，诸多引发学生与科任教师矛盾的因素已经不存在或发生改变了。尽管因为人性的复杂性和教育的复杂性，师生之间的矛盾永远都会存在，但很可能已经是不同性质、不同水平的问题了。

2. 班主任成就自己的同事

科任教师同样有着自我实现的需要。精神性的满足，也往往是教师职业中最重要的激励手段。

作为科任教师的班级领导者，班主任也许不能更直接地帮助科任教师发展与学科知识、能力直接相关的素养，但是，却完全可能通过教育智慧的传递、引领，促成科任教师的专业发展，帮助科任教师实现该领域内的教学成功。

在改革实验中，我们也发现，班主任的学生立场、教育资源意识、动态生成能力、真实情境中的教育智慧等，乃至于组织主题活动这样的策划与践行能力，是非常值得科任教师学习的。因此，班主任可以进一步明确自己这方面的责任，更主动地影响科任教师，促成同事的发展。同时，通过班主任直接负责的班级建设工作，通过班主任对学生的培养，也能够促成学科教学的成功，从而间接地帮助科任教师。

3. 班主任积极参与学校变革与班主任群体的发展

班级工作的开展毕竟与学校乃至社会的系统变革相联系。作为学校最基层的领导者，也同时是与外部世界保持直接联系与互动关系的领导者，班主任需要创造机会，主动促成学校的制度建设与群体教师发展。

这一方面要求班主任增强信心与勇气，不要轻贱自我。在一个更为民主的学校改革情境中，班主任是几十位学生及其家庭、诸多科任教师的代言人，可以通过各类正式或非正式的方式，表达自己的教育理解与教育期待，积极影响学校的制度建设与文化发展，参与区域性教育发展的咨询、调研与反馈。

另一方面,个体的班主任也需要保持与校内其他班主任,乃至跨学校、跨区域的班主任个体与群体的联系,形成正式与非正式的交流、合作,乃至于联盟关系。这将为班主任之间智慧的分享提供平台,为更多班主任的发展提供资源。

总之,对学生与科任教师紧张关系的处理,既需要有具体的方法与策略,更需要有深厚的"内功"。唯其如此,班主任工作的专业品质才可能不断被社会所认可,班主任自身的发展才可能有持续的内动力。

(李家成,上海终身教育研究院执行副院长,华东师范大学教育学系教授,教育部人文社科重点研究基地基础教育改革与发展研究所研究员)

10

科任教师不配合班主任工作,
怎么办?

正视问题，查找问题根源

解决"不配合"问题的两个前提

科任教师不配合时，班主任该怎么办呢？我认为，在采取具体对策之前，至少要先考虑清楚以下两方面的问题，否则，盲目采取措施，效果不一定好。

察现象：找出科任教师不配合的具体表现

首先不妨静下来，拿出一张纸，尝试回答下列问题，以此找出或总结出科任教师不配合的具体表现。

（1）科任教师是从什么时候开始不配合我的工作的？

（2）是一个科任教师不配合还是几个？（如果是几个，最好写出具体数量、所教科目）

（3）与科任教师搭班的其他班主任是否有同样的看法？

（4）我需要科任教师配合我的工作是什么？

（5）我是否明确地向科任教师发出过合作邀请，且具体告知他怎么合作？

（6）当我向科任教师发出合作邀请后，他有何反应？后来我需要他合作的事他是如何处理的？

（7）在邀请科任教师合作时，我是否考虑过他的近况（家庭、教学、科研、身体……）？

（8）除此以外，还有什么事情让我觉得科任教师没有配合我的工作？

（9）通过回答以上问题，我是否依旧认为科任教师没有配合我的工作？

为了有效解决问题，我们首先要弄清楚"科任教师不配合班主任"到底是主观认识，还是客观事实。如果是客观事实，那么，最好先把科任教师不配合的表现详细地写出来，这既方便我们通过"写"来冷静地回顾事情的来龙去脉，也方便我们找到更有针对性的解决方案。

析原因：弄清科任教师不配合的真实原因

如果我们在回答完上述问题后，发现"科任教师没有配合班主任的工作"是客观事实，那么，我们除了向学生调查、与科任教师沟通之外，还要从自身入手，反思自己在某些问题上处理是否恰当。比如，我们可以静下心来问问自己：

（1）我平时有没有维护好与科任教师的关系？

（2）我平时有没有在班级树立起科任教师的威信？

（3）科任教师在我班上课时，是否感到愉悦？

（4）我想要科任教师配合的事情，对他来讲难度是否过大？

（5）我在邀请科任教师做某事之前，是否征求过他的意见？

（6）我在邀请科任教师配合时，是否考虑到他的实际情况（性格、家庭、工作……）？

（7）我邀请科任教师时的语气、态度是否易于其接受？

班主任与科任教师合作不成功的原因是多样的，我们在处理这个问题时，不能只看到"科任教师不配合我"这个结果，还需要反思一下，自己在这个过程中是否有些地方没有做好。只有清楚地知晓合作不成功的原因，才能找到行之有效的解决方案。

（王涛，重庆市第一中学校）

协调支持，形成教育合力

用 SFBC 建立合作关系

SFBC（Solution-Focused Brief Counseling）是焦点解决短期心理咨询的简称，强调的不是解决问题而是构建解决问题的历程，其主要治疗任务是帮助来访者想象或是回忆起促使当下生活发生改变的过程。这是一种正向目标解决导向的治疗模式，认为当事者本人才是建构解决历程的最大资源。

当科任教师不配合我的班主任工作时，我运用 SFBC 中的一些沟通技巧，向对方传递我的尊重与理解，和科任教师建立了互相信任的合作关系。

焦点取向思考，激发解决之道

"瞿老师，您能联系到李老师吗？"周六晚上 7 点，一位家长向我求助。原来，周五放学前，教数学的李老师没准备好家庭作业，就通知学生在班级 QQ 群里等待发布作业，上传作业。孩子们回家传达后，家长们一直关注班级群，但直到周六晚上，作业信息始终没见发布，家长在群里的询问也石沉大海，没得到任何回应。

"瞿老师，李老师干这种不靠谱的事不是一次两次了，因为数学作业布置过于随意，家长也无法及时掌握孩子的家庭作业情况，自律性差的孩子就逃避写作业。这样下去，家庭作业的效果会越来越差的。"

其实，李老师非常优秀，他讲课生动、重点突出，所教学生的数学成绩常常在年级中名列前茅。只是这几年他担起了领导职责，工作实在忙碌，教学难免有所疏忽。我也曾多次提醒过他，可效果甚微。他一忙起来就会忘了布置、收发作业，等到发现学生没完成时，又一味批评孩子不自觉、家长不作为。

当前最重要的问题是如何让李老师听得进我的建议。SFBC 基本原则中有一条：来访者就是处理自己的问题的专家，咨询师只是"引导"来访者运用自己的能力及经验去改变，而不是制造改变。于是，当李老师又一次向我抱怨这届学生素质差、习惯差、成绩差时，我开启了这样的谈话模式。

"谁说不是呢！真是难为李老师了。我听说您以前教的学生都特别优秀。"

"那是啊，以前的学生素质好。上一届毕业生，数学抽测我们是全区前五。"没有人不喜欢提自己的丰功伟绩，李老师也一样，他带着愉快的笑容，滔滔不绝地夸赞他以前的优秀学生。

我频频点头："为什么那时候的学生这么自觉，这么认真？恐怕不只因为学生素质好，这里面肯定有您的功劳！透露一下，您是怎么抓家庭作业的。"

李老师开始描述他提高学生家庭作业成效的一些方法：针对喜欢拖拉的学生，他会提前在中午布置作业，同时利用课余时间，让班干部催促这些学生提前做，他事后大力表扬这种"提前意识"，推动更多孩子加入"提前做家庭作业"行列，提高家庭作业质量；针对学有余力的学生，他会传授一些学习秘籍，激发学生积极主动钻研数学难题的热情；针对中等生，他提前与家长约定，利用放学前的 15 分钟到 20 分钟时间讲解几道难题，布置相关练习，不断提高学生的解题能力……

他讲得津津有味，我则不断用惊讶、赞叹的语气推动谈话，使他不断地感受到自己的能力，感受到成功是由自己创造的，自己才是让学生养成做家庭作业习惯的专家。

谈话即将结束时，我适时提出自己的建议："李老师，听君一席话，胜读十年书。从今天开始，我决定用您的方法培养他们的家庭作业习惯，提高他们的学习成绩。"然后又遗憾地表示："要是您没那么忙的话，其实这群学生同样可以成为可造之才！这样吧，既然我免费学到了您的高招儿，作为报答，我可以成为您布置作业的帮手。从今天开始，每天中午我会向您要数学作业，并根据您的要求做好安排。不过，您以后也要多传授我一些神奇招数，怎么样？"他自然求之不得，我们愉快地建立了教学联盟。

这次谈话中，我不着痕迹地把话题引到数学作业布置上，既和李老师建立了良好的关系，又把他从"当下学生糟糕"的认知中拉出来，让他重新运用自己的教学手段，少些抱怨、多做计划，确保了数学家庭作业布置的及时性。

发挥正向功能，化危机为契机

不久之后，我和李老师之间发生了一件不愉快的事。李老师喜欢放学后留堂，有几个学生常常被他留到很晚，接孩子的家长也经常在校门口干巴巴地等到很晚，免不了怨声载道。有一次下大雨，老师都已经下班了，我习惯性到教室查看，发现还有三名学生没走。我问他们怎么还不走，他们说李老师让他们订正完毕才能离校，其中一个学生早就订正好了，但是找不到李老师，办公室门也锁了。我看时间已经很晚了，便自作主张把他们送到校门口，看着家长们接到孩子后，我才离开了学校。

没想到第二天早自习，李老师在教室里厉声批评学生。原来，他昨天临时去了趟教育局，回来时发现学生都走了，顿时气得火冒三丈，认定学生公然对抗他，于是一大早就逮着全班学生"立规矩"。

我闯下的"祸"，岂能让学生背锅？何况还有一大群完全不知情的孩子。我连忙进去大声道歉："对不起，对不起，是我的错！我昨天忘了联系您,自作主张把孩子们遣散了。当时他们还都不肯走,是我硬逼着他们走的。李老师,我自罚 3000 字检讨!"李老师愣了一下,忙说"不知者不罪",批评的话语就此打住。

虽然他说了不用写,但我可不是随便说说的。SFBC 基本原则中还有一条:"问题症状"有时也具有正向功能。李老师留堂虽然存在安全隐患,但其出发点是为了给学生补课,提高他们的数学成绩。协助他寻求更好的方法取代"放学留堂",又能保有其正向期待,才是解决问题的关键。

下午,打着"道歉"的名义,我特地去了他的办公室。看到我洋洋洒洒的 3000 字检讨,他乐了:"你还当真了啊!"我笑着打趣:"比珍珠还真。为了弥补我的过失,我决定以后放学前的整理课统统都由我来上。如果您确实没时间,又需要给学生补课,就请您布置好任务,由我来管理学生。您看如何?"

"当然好啊!就是辛苦你了。"

我趁机提出:"下班后我不能留得太晚,家里还等着我做饭呢!所以补课的事如果要我管理,能不能让我提前安排?"他满口答应。此后,我班每天放学时所有学生都能准时离校,数学课没少上,补课工作也从没落下。

假如我们的眼里只有问题,只知道抱怨,那么解决问题的可能性就会降低。反之,如果我们把精力用于发现其正向期待,让对方觉得我们对他的能力更感兴趣,那么,我们就会获得更多合作,促使对方用自己的能力去解决问题。

作为班主任,我们不能把自己的工作变成一座孤岛,要学会借助"麻烦"与"被麻烦"来与科任教师建立关系,并以彼此舒服的姿态在关系里相处,让"隐形助力"达到"助人自助"的目的,获得双赢。

(瞿春红,浙江省杭州市萧山区第一实验小学)

班级人际关系出现矛盾怎么办？

案例

我为科任教师助力

班主任是班级主要负责人，科任教师与班主任是同心同德、相互支持，还是相互拆台、各自为战，很大程度上取决于班主任自身。作为班主任，在日常教育教学工作中，我不仅尽力协助科任教师开展教学工作，主动帮助他们解决实际工作中遇到的困难，减轻他们的工作负担，还经常帮助他们在学生中树立良好形象，化解与学生、家长之间的矛盾与误会，成为科任教师的助力。

帮助科任教师树立良好形象

新的学年，一拿到科任教师名单，我就开始收集他们的信息，制作好 PPT 课件，在开学前把科任教师介绍给学生，重点介绍他们的优点和教学业绩。对于骨干教师，我重点介绍他们的骨干称号、教学风格以及取得的教学业绩，带过多少届学生等；对于成熟教师，我主要介绍他们的教学经历、取得的成绩、获得的奖项等；对于工作不久的年轻教师，我介绍他们的教学风格、如何关心学生等；对于刚毕业的新教师，我通常会讲述他们在大学时期的优异表现，以及他们经过层层选拔、优中选优进入学校工作的经历。

通过这样的介绍，学生与家长在正式上课前就大致了解了科任教师，起到先入为主的作用，为后面的课堂教学奠定基础，也赢得了家长对科任教师的信任和支持。

协调科任教师与学生的关系

在平时工作中，即使科任教师存在什么问题，学生也不太会直接跟他们讲，而往往会告知班主任，或者通过家长转达给班主任。如果把这样的问题直接反映给科任教师，很可能会影响他们的情绪，甚至给学生带来压力，造成师生之间的误会。所以，班主任应发挥协调沟通作用，做好解释工作，让学生、家长真正体谅、理解和支持科任教师的工作。

初二时，我班更换了英语老师。没过多久，一个英语成绩一直不好的女生跟家长说，现在的英语老师很凶，自己上课都不敢回答问题，甚至害怕上英语课。家长转告我之后，我知道可能是孩子面对新老师有点不适应，从而产生了误解，因为我非常了解英语老师的为人和教学风格，并不像这个女生所说的那样。我决定主动出击，化解这个女生对老师的误解，帮她调整好学习状态。

周一回校后，我把这个女生叫到办公室，问她："你说说英语老师哪些地方比较凶？"她说不上来。我接着说："咱班英语老师教学经验丰富，深知听课的重要性，所以要求每位同学上课必须保持高度专注，还要求背诵课文必须熟练，做作业不能翻书，等等。这是老师对你们提出的最基本的学习要求，目的是帮助你们养成良好的学习习惯。这样的严格要求难道就等于凶吗？老师有没有体罚你？有没有辱骂你？有没有伤你的自尊？"她都说没有。

通过这样的交流，我首先纠正了学生认识上的偏差。当然，这还远远不够。过了几天，正好有几个孩子在交流本上表扬英语老师，为老师点赞。我趁机把这些话读给全班学生听，并发到家长QQ群里，家长们纷纷点赞。我还把家长反映的孩子学英语的积极变化反馈在家长QQ群里。一段时间下来，我们班学生英语成绩稳步提高，家长也意识到这样的英语老师才是最好的。通过一段时间的磨合，那个女生从刚开始的不适应，到学习态度和方法的改变，再到成绩的提高，家长也更加信任英语老师，更加坚定地支持英语老师的做法，最终形成良性循环。

班级人际关系出现矛盾怎么办？

协调科任教师与家长的关系

当家长因某种误会或莫名原因质疑科任教师时，只要科任教师的做法没问题，班主任就要坚定地站在科任教师一边，支持他们，并帮助他们取得家长的理解和支持。

教数学的王老师有着自成体系的教学风格和教学方法。刚开学时，他并不急于给学生讲很多知识点，学生反映他上课好像就是聊天。第一次单元测验，我们班数学成绩和其他班级相比差距较大，不仅学生着急，家长也很着急，还有家长打电话给我，质疑王老师的课堂教学。

听到家长的担心后，我先把王老师的教学经历告诉家长。王老师从教多年，有着丰富的教学经验，而且多次带初三，还担任初三备课组长，在教学上完全不用担心。听完我的介绍，家长暂时安静下来，但这并不代表他们已经消除了担忧。随着教学的深入，我们班数学成绩不断提升，特别是其家长质疑过王老师的那个孩子，他不仅成绩提高不少，还说自己很喜欢数学老师。那位家长从此放心了，对王老师也佩服起来。

面对学生和家长对科任教师的误解，班主任一定要慎重处理，因为如果处理不当，反而会加深学生、家长与科任教师之间的误会。所以我一直采取暗中助力的方式，在科任教师不知情的情况下，积极主动与家长沟通，抓住每一次契机，树立科任教师的威信，做好解释工作，打消学生和家长的疑虑，营造和谐的师生关系。

对所有科任教师一视同仁

班主任对每门学科都要高度重视，只有做到这一点，学生才会重视每一门学科，尊重每一位科任教师。

班主任首先要从内心尊重每一门学科，不功利、不势力，对学生提出的课堂要求要适用于所有学科。其次，不管是哪门学科老师反映课堂问题，班主任都要一视同仁，及时跟进解决。如果我们只重视所谓主科而忽视其他学科，或者科任教师反映了问题，我们却不能及时解决，不仅会挫伤科任教师的积极性，也不利于学生良好习惯的养成以及优良班风的形成，因为坏习惯是会传染的。更可怕的是，我们无形中展示给学生的是一种功利思想。对每一门学科的重视就是对每一位老师的尊重，这种尊重会在无形中影响每一个学生，他们也会重视每一门学科，尊重每一位老师。

作为班主任，在做好本职工作的同时，我会尽力帮助科任教师，既有看得见的帮助，也有背后看不见的支持。时间长了，科任教师自然能感受到我的这份用心，投桃报李，他们也就特别理解和支持我。有了这份融洽的关系，我与科任教师总是相互支持，相互补台，班级各项工作都开展得非常顺利。这份融洽的关系也感染着班级的学生和家长，让我们班的师生关系、家校关系都非常和谐而温馨。

当然，班主任与科任教师毕竟分工不同，班主任在助力科任教师时一定要树立边界意识，明确各自的责任和义务。对于科任教师教学范围内的事情，班主任不能指手画脚，不能干预学科教学。班主任只有在充分尊重科任教师并明确各自职责和义务的前提下，在自己的职责范围内力所能及地助力科任教师，才能真正实现凝心聚力，共同为班级的发展贡献各自的力量。

（吴庆华，江苏省锡山高级中学实验学校）

班主任的"七十二变"

我当班主任十多年，搭班的老师换了一批又一批，我们的关系都很和谐，大家在工作中齐心协力，生活中相互帮助。我们既是工作中的伙伴，又是生活中的朋友。之所以形成这样的关系，得益于我的"七十二变"。

摄影师

美好的事物要与大家分享，让生活变得更美好。自从做了班主任，我就成了一名摄影师。上班时间，我的手机永远静音，但我一定带在身上，随时抓拍老师们辛勤工作的身影，如老师课间辅导学生、为学生倒水、安慰照顾生病的学生、教学生系鞋带、为低年级学生整理仪容仪表、与学生同欢呼共"患难"等场景。我用手机记录下老师们辛勤付出的点点滴滴，下班后制成音乐相册——"老师，您都忙些啥"，然后发在家长群中，家长看了感动不已，知道老师都在为孩子真心付出，纷纷点赞，老师也随之产生被认可的喜悦。

记录者

除了当好摄影师之外，我还充当班级故事记录者，随时记录老师与学生之间的趣事、乐事、有意义的事甚至"纠纷"。这些事还曾经为还原真相立下功劳呢。

那年我带一年级，与我搭班的是一位刚毕业的年轻老师。刚开学没几天，小源的家长就在群里指责老师对他的孩子不公平。原来，小源跟家长告状，说他与别的同学做游戏，老师只罚他扫地、擦桌子，不罚别人。正好我知道这件事并且做了记录，于是我给记录加了一个题目"事情的真相是这样的"，并配上照片发到家长群中。原来，小源故意把纸撕碎并漫天抛撒，美其名曰"下雪了"。别的学生主动帮他收拾"现场"，小源不仅不和大家一起做，还把别人扫好的垃圾踢飞，所以老师看到后批评并处罚了他。家长得知事件真相，倍感惭愧，主动向老师道歉，化解了误会。

消防员

在教育孩子方面，家长与老师目的一致，但面对具体问题有时会存在分歧。低年级时，很多家长对孩子十分娇惯，而老师认为学生一入学就应该培养良好的学习习惯，于是本着对孩子负责的态度，多次找家长交流，希望家长与老师步调一致。有的家长一时转不过弯，认为老师小题大做，双方争得面红耳赤，甚至大吵起来。

这时，我就是冲在前线的"消防员"，为双方消火降温。当然，有时双方火气太大，我就成了"出气筒"。等双方平静下来，我再摆事实、讲道理，告诉家长，老师严格要求真是为学生的一生着想——"孩子是我们的，更是你们的，但最终是你们的，现在我们不在孩子身上用功，孩子将来想改就难了"。这样劝说一番，家长往往就能消气，主动向科任教师道歉，积极配合工作。

课代表

为提高学生的综合素养，各科老师都会根据本学科的特点与学生身心发展规律设计许多活动，有的学生害怕做不好会出丑，就懒得去做。如儿童节，美术老师让全班学生设计"迎六一"画报，每个人都必须参加，可有些"熊孩子"就是逃避。美术老师感到棘手，怕学生得过且过，又无计可施。事情僵在了那里。

了解事情缘由后，我先征得美术老师同意，然后自己画了一幅"迎六一"画报，展示给学生看。结果很多学生认为我画得太丑，他们能赶上甚至超过我。我告诉他们，我是这次作业的课代表，每个学生画完都要交给我。学生看了我的"拙作"后，积极性大增，都按要求完成了任务。我把作业收齐给美术老师，美术老师批阅完，我又发给了学生。有的学生作品经老师寥寥几笔修改后就灵动起来，就连我的那幅画也在老师的修改下变得鲜活了。我们对美术老师敬佩至极,为"巩固胜利成果",我又当了一个多月的课代表,与学生一起做作业,负责收发作业,学生积极性高涨,美术老师也越来越喜欢在我们班上课了。

好助手

人们常说,助人为快乐之本。作为班主任,我努力做好科任教师的助手。无论生活中还是工作中,只要能做到的,我一定鼎力相助。有的老师在生活中遇到问题向我倾诉,我就做好倾听者,将心比心,设身处地帮助他/她。对涉及隐私的问题,我守口如瓶,从不在背后谈论别人的私事,搭档老师把我视为"知心大姐"。工作中,有的老师遇到问题,我更是义不容辞。如老师讲公开课,虽然不是我所教的学科,只要我能调开课就一定去听,因为课程是相通的。我会认真做笔记,并提出中肯的建议。有老师请假调课,我更是第一个顶上去,被大家戏称为"工作中的及时雨"。

作为一名老教师、老班主任,我在工作中应用"七十二变",扮演多种角色,和科任教师关系越来越和谐。老师们心情愉快了,班级各项工作自然更顺了!

(何燕,李冰,山东省德州市禹城市实验小学新湖校区)

积极沟通，共谋班级发展

携手科任教师，促进班级共育

科任教师的着眼点大多都在学科教学上，很少插手班级工作，该如何调动他们参与班级管理的积极性呢？以下为我的经验和方法。

积极沟通有妙招，科任教师动起来

平日里，科任教师见到我大多是告告状、发发牢骚，将问题一股脑儿地抛给我就万事大吉。但面对诸多问题，单凭我一己之力很难全部解决，若科任教师能成为孩子们解决问题的见证者、引领者，效果是否会更好？

我们班的文化墙中有一栏是"班级日志"，专门反馈班级每日问题。我想，何不用好这方寸之地，使其成为科任教师和孩子们之间沟通的桥梁？

略作思忖，我把这个新开的栏目定名为"回音慧语"，如果学生对老师有要求或想说的话，或者科任教师想对哪个学生说话，都可以写纸条贴在墙上。对于学生提出的问题，老师要及时给予反馈、解决。

我利用班级老师微信群，宣传发动，不断鼓励科任教师积极参与："亲爱的各位家人，为了让我们的孩子能自觉主动地学习，请您每天课上仔细观察表现优秀或出现问题的孩子，捕捉教育契机，写下您的'慧'语；对孩子提出的问题也请您及时回复，让我们为了孩子的成长一起努力！你我

携手，相信孩子会信心满满；你的陪伴，会为孩子们的成长加速！"

然后，我不断进行引导，调动科任教师的积极性。对做得好的科任教师，我会给予表扬："很多伙伴们做得很好，把孩子在课堂上遇到的问题都写下来了，这样有利于我们携手解决问题。我发现孩子们很在意你们的参与和评价，学习劲头足了很多啊！感恩有你，我们共同努力！"

时间长了，有的科任教师反馈不是很及时，我就以表扬先进的方式委婉提醒："感谢您为班级管理和学生成长的辛勤付出，您中肯的评价是孩子们前行的动力。您一句鼓励的话语，是孩子努力的见证；一句期待的话语，是孩子信心的源泉！"

有了这样坚持不懈的沟通，科任教师们越来越"顾家"了，他们更加关心孩子，孩子们对科任教师也没有了"距离感"，各方面表现都有了明显提高。

调动热情造声势，视频语音齐进行

时间一长，有的科任教师出现了懈怠，不像刚开始那么热心参与了。任何事情都需要有创新意识，再有效的方法，经过一段时间的重复，都会让人感到无聊和无趣，唯有推陈出新，不断创新方式方法，才能延续甚至放大实效。

如今，数字化技术飞速发展，闲暇时大家都会看看手机，于是，我又号召老师们以视频或语音形式录制"回音慧语"，将每周对优秀学生的表彰环节变成在全班播放科任教师的点评视频或语音，既让科任教师热情参与，又让孩子们充满期待——每个人都希望自己的优秀表现能够被科任教师发现并在全班展示，这会进一步激发他们奋发进取的愿望。

记得第一次播放科任教师视频时，全班几乎沸腾起来。首先是生物老师闪亮登场，由于技术问题，视频是横着播出来的，大家笑得前仰后合，但关注的重点还是被表扬者。出乎意料的是，生物老师表扬了班上一个平时纪律松散的孩子，说他今天课堂上一直很专注地听讲。全班学生立刻把羡慕的目光投向了那个孩子。我也从他"立刻调整好自己的坐姿，两只手很标准地放在桌上"的行动中感受到了表扬的力量、关注的魅力。

后来，我还邀请以前教过孩子们的科任教师、原班主任也参与进来。他们也用视频形式表达了对孩子们的期待："老师希望你们能够发扬努力向上的精神，认真学习，做最好的自己！加油，孩子们，老师会偷偷观察你们每天进步多少哟！看一看，下次谁会走进老师的表扬名单里！"这种形式的激励效果胜过千言万语。

对症下药扬个性，精彩评价显神通

"回音慧语"已不再是简单的评价汇报手段，而变成了促进家校沟通交流、因势利导促进班级共育、因地制宜开展教育的艺术呈现，后来更变成了对症下药、精彩纷呈的"个性评价神器"了。试举例如下。

指点迷津型： 同学，我们说好的，不能做"语言的巨人，行动的矮子"，说的和做的请保持一致哦！（语文老师）

加油打气型： 老师看到了一个活力四射的你。好的状态是成功的前提，这样的状态会让你见证奇迹。请继续保持！孩子，加油！（技能老师）

问题聚焦型： 亲，最近学习的主动性和积极性有点令地球人担心。希望你能理性地找找是什么小怪兽在扰乱你的心绪，赶快调整心态，控制自己的情绪，和家长好好聊聊，当然也可以来找我哦！（数学教师）

交流沟通型： 孩子，你认为你在哪个方面还能够再有所突破？基础不好没关系，重要的动力来自自己。如果你需要帮助，请告诉我，我们都愿意伸出援手，机会都是留给有准备的人的，努力了才会有收获。我们都希望看到一个优秀的你、一个努力的你、一个不甘于平凡的你。努力吧，加油！（班主任）

如此个性的沟通评价，产生了极大的"鲇鱼效应"，激活了科任教师参与班级管理的热情，让他们把目光更多地落在孩子身上，聚焦到班级中那些不曾被注意的角落，让他们相信其实野百合也有春天。

"回音慧语"暖心田,家校共育见奇效

随着时间的推移,"回音慧语"线上线下的沟通评价模式已成为科任教师参与班级管理并和孩子即时沟通、共同进步的平台。我还让"回音慧语"走进家庭,定期将科任教师的表扬发到家长微信群中,让家长及时知道孩子哪些方面表现突出,哪些方面还需努力,让优秀的更加优秀,让暂时落后的找到努力方向。家长也能从科任教师的反馈中查找问题,从孩子的角度出发,创造出合适的家庭教育方法。家长还可以针对孩子的具体问题与科任教师直接对接,推倒了以往家长和科任教师之间隔着的那堵"墙",极大地提高了解决问题的实效性,家长纷纷为"回音慧语"点赞。

看着家长满意的评价,我不禁感动于各位科任教师的付出。我想,让我们的班级扬帆起航的唯一办法就是班主任与科任教师携起手来,聆听孩子们心灵的回音,用我们知心的"慧语"温暖孩子的成长之路,陪伴孩子走得更远。

(车英,山东省荣成市特殊教育学校)

从"共享信息"到"共享荣誉"

周五上午,德育处发来通知,学校将举行一场合唱比赛,要求各班师生全员参加。于是,我先找到教数学的李老师,简单说了这件事,邀请她参加。但是,她苦着脸说:"我五音不全,从来没参加过什么合唱比赛,我可不去!"对我来说,这句话如同当头浇了一盆凉水。她不去的话,"师生全员参与"这项评比就拿不到满分了。

在需要"众人拾柴火焰高"的关键时刻,科任教师成了旁观者,令我十分"尴尬"。我想,如果用学校的要求"强制"她去,以后我们相处会更加尴尬,不仅会产生误会令其不悦,也会给班级管理带来后遗症。于是,我让自己平静下来,回到办公室后开始思考如何调动李老师的积极性,让她愿意参加班集体活动。

我想,李老师这么"不赏脸",是因为她对整个活动事先完全不知情、不感兴趣,我们之间信息不对称,又缺乏互相沟通,就这样直奔主题让她不清不楚地"冒险"参加合唱比赛,确实有点为难。我得改变沟通的策略与方式,不能仅仅把科任教师当作信息的"接收者"、工作的"执行者",只有与科任教师"共享信息",才能消除我们之间的"隙缝",她才可能支持我。

第二天,我再次来到李老师办公室。我一脸诚恳地说:"李老师,最近我一直在思考班级活动方案,没有很好的思路,特别想听听您的建议。"她客气地对我点了点头,示意我坐下。我暂且回避了要她配合登台表演的话题,与她慢慢交流对整个活动的初步想法、期望等。想不到话题一变,聊天的气氛也变了,感觉比昨天顺畅了,我们就这样打开话匣子聊了很久。李老师开始了解到越来越多的信息,偶尔还给我提一些建议。原来只有我知道的单一封闭的信息,逐渐变得开放共享,现在我们之间的信息基本上对称了,她不那么抵触了,态度变得热情了一些。

第三天,我"趁热打铁",课后继续与李老师交流合唱比赛时舞台队列变式的事情。今天聊的内容她比较在行,因为她懂得"对称与平移"的数学原理,可以在合唱时的队伍排列变式上出点子。我们一起愉悦地"纸上谈兵",互动交流的信息越来越多,李老师渐渐进入情境角色。"三顾茅庐"后,我终于看到她愿意"出山"配合支持工作的希望。

回到教室后,我让班委设计了一张具有班级特色的邀请函,送给所有科任教师。当我们把邀请函递给李老师时,她非常惊喜地说:"这段时间我了解到合唱比赛的很多信息,大家都想为班级争光的诚心感动了我,我愿意和大家一起参加合唱比赛。"李老师终于答应了,我内心十分欣慰。

于是,我继续收集其他科任教师的意见,在"班科联席会"共同交流讨论，再将方案公布到教师群里，让大家充分享有一致对等的班级信息。这样，我与科任教师在信息沟通上没有了"隙缝"，他们都很愿意参加班级活动，抽出时间与我们一起排练合唱。

合唱比赛中，我们班"一个都不少"地登台演唱，凭借前期齐心合力的准备和精彩的现场发挥，我们班的表演非常出色，一举夺得总分第一名。大家听到消息后欢呼雀跃，一种强烈的荣誉感在每个人的心里翻涌着。

站在舞台上领奖时，每位师生脸上都洋溢着灿烂的笑容，李老师也显得特别开心。她激动地对我说："想不到能有机会与孩子们同台演唱，参加这样的集体活动太有意思了，让我充满了荣誉感，非常有收获，谢谢你。"看到她从开始不愿配合的"苦瓜脸"变成了今天的"开心脸"，我的心里更是乐滋滋的。

这份来之不易的集体荣誉，凝聚着每个人的汗水与付出，需要共享传递下去。于是，我和学生一起着手设计了"荣誉纪念册"，把排练、比赛、获奖时拍的相片打印出来剪裁、装裱，制作成了精美的"同唱一首歌"相册摆台，背后附上学生的集体签名，亲手送给每位科任教师。科任教师收到这份私人订制的纪念册后，心里多了一份强烈的集体归属感。李老师还特别把它摆在自己的办公桌上，并跟我说："每天看到这么开心的相片，心里好欢喜。以后有班级活动，一定要叫上我哦。"听着她的话，我欣喜而释然。"转化"科任教师的工作已有效果了，李老师由原先的被动"隐退"，变成了今天的主动参与，非常"给力"。

"共享信息"使班级信息对称互动，"共享荣誉"使教师的班级荣誉感增强，用心做好这两项工作，可以让从班级活动与管理事务中"隐退"的科任教师重新回到班集体。班主任要以团结一切可团结的力量为出发点，多创造不同的途径，让科任教师充分地共享信息，共享荣誉，把分散的力量集中起来形成合力，从而提升班级凝聚力。这样，班级管理工作就会由班主任"个人经营"走向教师们"合作联营"的共赢新模式。

（廖利霞，广东省深圳市龙岗区兰著学校）

集思广益，结成班级建设共同体
——班主任与科任教师携手共促学生发展的三点建议

班级是学校的基本教育单位，学校的教育功能大多需要在班级活动中实现。作为班级管理团队的核心人物，班主任应统筹安排团队，组织、团结其他科任教师共同推动班集体进步，实现每一名学生的有序发展。但在实际工作中，常常出现的状况是科任教师下课就走，只负责日常教学工作，较少尽到育人职责，把"问题学生"移交给班主任就万事大吉，理所当然地认为家长会是班主任的独角戏。部分科任教师跟班主任的教育理念不一致，在育人方式上不能与班主任形成合力，甚至出现教学与管理方法的背离，让学生无所适从。

班主任应加强与任课教师、家长以及学生所在社区的联系，努力形成教育合力。在班级管理中，班主任不应单枪匹马，而应与各位科任教师相互配合，集思广益，结成班级建设共同体。

一 从关心入手，建立良好的同事关系

班主任要具有良好的沟通协调能力，沟通协调的基础是亲近与信任，亲近与信任源自真诚的关心与帮助。

班主任需要在班级工作中多付出、多担当，积极主动地协助科任教师处理师生关系、家校矛盾。科任教师一般至少任教两个班级。因为教学

对象数量大，科任教师对每名学生近期情绪、心理状态的关注很难做到细致、精准，在课堂教学中出现问题时，科任教师大多只能"就事论事"，很难就问题出现的背景信息做出分析和判断，不容易找到解决问题的合理办法。同时，科任教师与家长沟通的机会较少，对学生家庭基本情况通常了解不够充分，往往容易因为对学生的教育问题引发和家长之间的误会和矛盾。班主任应把自己视为班级众多管理者中的"重量级选手"，做科任教师和学生、家长之间沟通的纽带与桥梁，出现问题及时伸出援手，协调解决科任教师和学生间的矛盾冲突，并帮助科任教师解决与家长之间的沟通问题；采取换位思考的视角，揣度、询问科任教师的真实想法，与他们共同讨论解决问题的方法，给予他们更多的帮助和支持。

此外，班主任还可多多关注科任教师在校的工作、生活细节，选择适宜的时机表达自己的关心，拉近彼此距离。分享美食，聊聊家常，在科任教师的工作和生活发生冲突时主动提供帮助，假期里为他们的朋友圈点赞、留言……。沟通从来都是相互的，班主任的主动关注必会促进同事之间的良好互动，原本平淡的工作关系也就变得有了温度。和谐的关系是共事的基础，在班集体建设过程中，同事间良好的情感基础有助于形成群策群力的最佳状态。

从交流入手，建立积极的沟通模式

面对科任教师消极的管理态度，班主任可从以下三个方面进行交流，在较短时间里建立积极的沟通模式。

（一）了解基本事实

针对科任教师在教育中出现的问题，班主任应减少抱怨和指责，给予一定的理解，并用自己的经验帮助科任教师查找出现问题的原因，如学生尚未适应新的学习状态、生活环境或新的科任教师的教学方式等。在此过程中，应多倾听科任教师的烦恼和困惑，站在对方的角度思考问题。很多科任教师并非没有做过努力，而是因努力后短期内未见成效而放弃。针对此类情况，班主任应发挥正面引导作用，认可科任教师曾经的努力，鼓励他们继续探索解决问题的途径与策略。与此同时，多和科任教师讨论该年龄阶段学生的心理发展特点，为其管理班级、理解学生的行为提供科学理论支持。

班主任还应多向科任教师了解学生在其课堂上的真实表现，如自我约束能力、作业完成情况等。针对个别特殊学生，班主任要主动、及时和科任教师沟通情况，给予更多的关注。我所在的班级有一名男生，做事容易冲动，情绪控制能力较差，常常与老师"对着干"，和同学的矛盾也一再升级，成了各科老师眼中的"问题儿童"。针对这名男生的情况，我提前和其他老师做了铺垫，较为详细地介绍了他的脾气秉性和成长环境，并与科任教师分享了对其较为有效的管理方法，约定共同实施正面管教。经过一段时间的尝试，科任教师对他的态度有所转变，逐渐看到了他的进步，及时对其表扬，极大提升了他的学习兴趣。慢慢地，这名男生对其他学科的兴趣浓厚起来，在课堂上的自我约束力增强了，扰乱课堂秩序的情况明显减少了。

（二）重视意见反馈

作为班主任，我们不要轻视科任教师的"吐槽"，很多时候我们能够从中及时发现班级管理的问题。有位科任教师向班主任抱怨班级中一名学生作业完成情况不理想，并发现发生这种情况的主要原因在于该生上课时经常溜号。科任教师反馈后，班主任集中一段时间观察该生，发现确有这种情况，遂及时进行了教育和引导，并主动提醒其他科任教师在课堂上关注这名学生。在几位老师的共同努力下，经过一段时间的调整，该生上课溜号的情况大为好转，成绩稳步上升。班主任及时对发现问题的老师表达了感谢，并积极与家长进行沟通，使家长对这位科任教师产生了充分的信任和感激之情。

认真倾听、重视科任教师反馈的班级管理问题会让科任教师感受到充分的尊重，同时，及时、可见的解决效果也让科任教师更愿意参与班级教育。

（三）分享工作成果

班主任和科任教师的工作并不是割裂的，而是站在同一条战线上共同开展的统整性工作。因此，班主任不能独自享用班级管理的果实，作为"一班之主"，一定要有共享成果的胸怀和度量。比如，班级参加学校课外活动，大多由班主任组织实施。在一次闲聊中，我了解到本班数学老师特别爱好音乐，是公认的金嗓子。说者无意，听者有心，在学校举办红色歌咏比赛时，我主动邀请数学老师参加学生的合唱。这样的活动设计不但让学生感受到了数学老师的多才多艺，对她产生更多的敬佩之情，更拉近了师生之间的关系。班主任把展示的机会留给科任教师，发挥了科任教师的优长，然后再跟他们分享学生对老师的喜爱之情，如此，不仅增进了科任教师对班级的感情，而且能够促进师生关系的调整、优化。

需要注意的是，在日常工作中，班主任要学会对科任教师"报喜不报忧"，多将家长、学生反馈的感谢、鼓励传递给科任教师，主动和他们分享教育的果实，从而激发他们的工作热情，让他们充分感受到工作的成效和价值，更积极地参与班级的各项活动。

三 从制度入手，建立合理的工作机制

班主任是班级发展的领头羊，但一个人的智慧是有限的，集合团队的力量才能让班级管理绽放出绚丽的光彩。在班级管理、文化建设方面，班主任要有大局观，要建立合理的班级管理工作机制，邀请科任教师一起为班级出谋划策，参与班级规则的制定，为班集体的长远发展贡献新方法、新理念。班主任应做到以下几点。

（一）教育目标要统一

班主任与科任教师的教育目标只有保持一致，才能帮助学生更好地成

长。在学生的日常学习中，学习习惯的培养尤为重要。因此，我邀请科任教师一同规划了本学期习惯养成的三个重要方面，约定共同关注学生的行为规范；收集多个有关行为规范方面的小儿歌，分享给科任教师，一起教授给学生，用儿歌引导学生遵守课堂规范，培养良好的学习习惯和行为习惯等。科任教师利用这些儿歌整顿课堂秩序，吸引学生的注意力，取得了良好的效果。

（二）奖惩制度宜统一

班级管理是一项创造性很强的活动，需要各科老师的协同管理、共同探索和实践。科任教师往往没有一套明确的奖惩制度，不同老师之间的奖惩标准也不一致，对学生的激励比较随意，缺乏系统性，批评教育也显得不够分量，很多学生不把科任教师的指点放在心上。面对这种情况，班主任在班级管理中可以和各科老师共同制定符合学生行为规范的奖惩制度，并广泛征求学生及其他老师的建议和意见，以多元的方式对班级学生进行评价。经过思考，我和所有科任教师共同商议，设计了一套完整的积分奖励流程，在书写、课堂纪律、习惯养成、友善待人等方面均设置了奖励办法，并将此项积分规则印发给了各位科任教师，为其配套了奖励印章及相关积分卡片。这一设计将局限于班主任本身的奖惩办法扩大化，真正地融入班级文化建设中，科任教师不需要花费时间自己设计奖励机制，学生争取优秀的动机却大大提高了。为了尽快获得更多的积分以换取相应的奖励，学生在所有学科课堂上都能严格要求自己，逐渐养成了良好的学习习惯，对各学科的学习热情也普遍提高了。

（三）树立威信顾大局

班主任要在学生面前充分树立科任教师的威信和地位。我发现有些年轻科任教师的课堂秩序较差，课后教室环境脏乱。抱怨和指责并不能让此种现象得以改观，我决定从自身做起，在年轻老师上课前，提前进班组织纪律，引导学生做好课前准备，并着重强调科任教师课堂的秩序问题，帮助年轻老师树立威信。这样做不但让学生感受到科任教师和班主任有同等的威严,更让年轻的科任教师心怀感激,也增强了管理班级的信心,增强了主人翁意识。

班集体的建设和成长需要众人的智慧和力量,科任教师是团队的中坚力量,是促进班集体良好、有序发展的重要因子。班主任切忌独揽大权,应与科任教师打好配合,做班级建设的同路人,汇集教师团队力量,保障学生的健康成长。

(安宁,北京市海淀外国语实验学校;吴欣歆,北京师范大学研究员)

出 版 人　李　东
图书策划　池春燕
项目统筹　闫　景
责任编辑　代周阳
版式设计　私书坊　郝晓红
责任校对　张晓雯
责任印制　叶小峰

图书在版编目（CIP）数据

班级人际关系出现矛盾怎么办？/ 赵福江主编 . — 北京：教育科学出版社，2022.3（2023.12 重印）
（我该怎么办？：班主任工作疑难问题解决方略）
ISBN 978-7-5191-2795-4

Ⅰ. ①班… Ⅱ. ①赵… Ⅲ. ①中小学—班主任—教育心理辅导—教材 Ⅳ. ①G635.16 ②G479

中国版本图书馆 CIP 数据核字（2021）第 209164 号

我该怎么办？——班主任工作疑难问题解决方略
班级人际关系出现矛盾怎么办？
BANJI RENJI GUANXI CHUXIAN MAODUN ZENME BAN ?

出版发行	教育科学出版社			
社　　址	北京·朝阳区安慧北里安园甲 9 号	邮　　编	100101
总编室电话	010-64981290	编辑部电话	010-64989422
出版部电话	010-64989487	市场部电话	010-64989009
传　　真	010-64891796	网　　址	http://www.esph.com.cn
经　　销	各地新华书店		
印　　刷	中煤（北京）印务有限公司		
开　　本	720 毫米 ×1020 毫米　1/16	版　　次	2022 年 3 月第 1 版
印　　张	15.5	印　　次	2023 年 12 月第 2 次印刷
字　　数	207 千	定　　价	49.80 元

图书出现印装质量问题，本社负责调换。